頂嘴的藝術

不委屈、不失禮、不尷尬的頂尖回話術

言い返す力 夫・姑・あの人に

八坂裕子——著
林平惠——譯

前言

我一直想成為一個可愛的大人。

「可愛」這個字眼，是用來形容一種讓人發出微笑的魔力。

為什麼一個人會顯得可愛？我首先觀察身邊的人生前輩們，然後發現了一個大祕密。

可愛的大人說起話來很坦率，不矯揉造作，也不自傲自誇。

可愛的大人不會掩飾自己的感情，反而會選擇最適當的語言表達真摯的感受，字斟句酌，從講話的態度就可以看出誠意，所以才可愛。可愛的大人是不會譁眾取寵的。

人類的成長過程，原本就充滿了填鴨式的「應該〇〇」、「非××不可」等關於義務和目標的各種教育。

但是，一旦真的要執行「應該〇〇」、「非××不可」的時候，卻發現難如登天。這時就會不自覺地學會隱藏、矯飾自己的感覺，喪失與生俱來的純真。

與生俱來的純真。

這是所有人都具備的天賦。

假設你在與人對話，對方的口氣讓你不悅，那股火氣就是來自於你的「純真總部」。純真總部的原則是不做作、不偽裝，所以聽到沒禮貌的話就會產生反感，然後化為憤怒。

換句話說，火氣就像是感冒會咳嗽一樣。

火氣也如同咳嗽，可不能輕易小看。

火氣一直累積的話，會造成身心衰弱、面有菜色，整個人死氣沉沉。

沒錯，火氣就是百病之源，千萬拖不得。

火氣上來的時候不要隱忍，應該做出適當的反應。當對於別人說的話覺得需要反駁的地方，頂嘴是理所當然的。

我能了解大家會擔心兩種狀況：

- 覺得被冒犯而頂嘴，會不會有種「見笑轉生氣」的感覺？
- 雖然想頂嘴，卻找不到適當的詞句。

這兩點都是可以解決的。

對話原本就像是享受拋接球的過程，怎麼可以不回話呢？就是要回話，才符合對話的規則。

只不過，請大家切記對話並不是戰鬥。

另外，根據對方的身分和狀況，頂嘴的話也必須做調整。

在這本書裡舉的例子，如果能夠適時消除你的火氣，那就太值得慶幸了。

我也希望女性朋友們講話可以愈來愈坦率，社會上可愛的大人愈來愈多，我們的魅力也以加速度直線飆升。

其實這就是潛藏在這本書裡的野心！

目錄

第七章 職場如戰場

第一章

對丈夫既不爽又灰心

1 酸溜溜的說「真羨慕妳這麼閒」

「老公啊，窗戶的鎖你到底打算什麼時候修理？」

最愛當假日木工的老公信誓旦旦地說包在他身上，結果卻一直沒有動工，眼看已經過了一個月。妳終於按捺不住，嘟著嘴向他抱怨。

他聽了居然從鼻孔哼哼兩聲說：

「真羨慕您這麼閒！」

這種口氣，好像只有他一個人每天又忙、又累、壓力又大，回到家像狗一樣。

不爽！

「那是什麼話！我可是忙得很咧！」妳很想這樣大叫。

但是妳一旦發火，可就稱了對方的意。

先做個深呼吸，動動腦筋再回擊。

事實上，他根本忘記要修理窗鎖的事。既然如此，趕快說句「對不起」也就沒事了，但他卻開不了口。

上個禮拜，在公司陸續發生幾件衰事。工作出錯，為了善後只好不斷賠不是，簡直是屋漏偏逢連夜雨。他那少少的「率直」完全被公司榨乾，已經沒有多餘的額度可以分給妳了。

這種場景，正是妳展現老婆本色的大好機會。

「對對對，你說的一點都沒錯。我是很閒，但是我沒有本事啊！所以才要拜託你，讓你能者多勞，真是抱歉啊！」

炒熱對方的鬥志，讓他主動做事，也是養成頂嘴藝術的主要目的之一。

他沒有頂回來，只是內心暗暗鬆了口氣。他大概已經在心上做了筆記，最近就會啟動修繕工程了。

他有時候叫妳「老婆」，有時候叫妳「喂」，稱呼的改變必定伴隨著他孤獨或不幸的程度變化。

當叫「您」的時候，表示他可能已經深深陷在不幸的泥淖裡了。

只要妳凝神傾聽，一定可以聽出老公的症頭，知道今天他的泥淖是深是淺。

儘管如此，也千萬別養成一聽出異狀就問「你怎麼了」的習慣。一針見血會傷害到對方的幼小心靈，一旦產生防衛心，又會跟妳針鋒相對。

妳就佯裝不知情，開朗地回說：

「真的，跟你比起來我超閒的，要不要去考個什麼執照啊？」試試看他有什麼反應。

他一定會亂了陣腳的。

他開始幻想妳外出的模樣，忽然一陣害怕。

他不想去想像妳風姿翩翩地踏入未知的新世界。

為了下猛藥，有時妳必須搶得先機。

「好羨慕你每天都有得忙哦！我閒到好無聊，心靈空虛的時候，最沒有辦法抵抗誘惑了……」

他會開始緊張，用另一種角度看待妳這個老婆。

我們的用意不是要威脅他，只是單純地陳述事實，不過也夠嚇得他皮皮挫了。

You'll get...

滋潤丈夫心中的乾渴，如微風般爽朗的力量。

2

從不稱讚我做的菜，只說得出「今天不怎麼樣」這種評語

妳用朋友傳授的食譜，嘗試做了西式燉牛肉。

不但噴大錢選用和牛的腱子肉，還花了大把時間精心烹煮。

但是丈夫卻毫無反應，只是一個勁地埋頭吃。

「怎麼樣啊？」妳忍不住詢問。

「什麼怎樣？」他反問。

「滋味如何呢？」妳又問。

妳內心只期待聽到一句「好吃」，沒想到得到的答案卻是：「還行啦！」

不爽！

妳的一顆賢妻心深深受傷了。原本想讓他開心才煞費苦心煮的菜，反應卻如此冷淡。

早知這樣，隨便做做就算了。

因為週末很忙，妳只準備了簡單的飯菜。丈夫一看到餐桌就皺起眉頭，露出「這算什麼」的表情，還不開心地說：「今天的菜實在不怎麼樣。」

我又不是你的僕人！沒禮貌！

會對他的大男人態度發火是正常的。

原本頗喜歡下廚的妳，如果因為他的反應冷淡而失去做菜興致的話，那就太可惜了。研究一下頂嘴的藝術，同時鍛鍊會話力和廚藝，對妳只有好處沒有壞處。

今後別再客客氣氣地問「味道怎樣」，直接趾高氣昂地說：「今天有米其林兩顆星的水準！」來個老王賣瓜吧！

「老公，你也說句好吃嘛！就算不稱讚我，難道不對這些食材表達一下感謝嗎？」

腦筋轉不過來的老公，需要妳的循循善誘。

當孩子們率真地讚美說：「好好吃，好好吃哦！」

妳就順勢接話：「謝謝！我就是為了這句話才努力做菜的！」

妳要幫助丈夫養成「多多讚美他人」的習慣。

八成從他小時候開始，就沒有養成稱讚飯菜好吃的習慣。又或者是他對自己的味覺沒有信心，擔心覺得好吃的東西卻被別人嫌棄。

還有一些丈夫，會覺得輕易稱讚太太做的飯菜好吃將有損威嚴。

不管原因是什麼，在他開口說好吃之前，妳必須進行強化訓練。

準備一桌丈夫最愛吃的好菜，然後進行以下對話：「好吃嗎？」「嗯。」「不行這樣回答，要說『好吃』！」慢慢引導他說出「好吃」兩個字。

稱讚食物「好吃」是人際溝通不可或缺的一環。

能夠圍著餐桌、互相交換這句話的家庭，才是溫暖的一家人。

You'll get...

給予丈夫表現情感機會的誘導力。

3 假日在家裡無所事事，兩人相對無言

每到假日，丈夫從一大早就在家裡打混。

若不是一邊喝啤酒、一邊看電視上的運動比賽，就是打電動、睡午覺，跟妳完全沒有對話。

就算想跟他討論孩子的事情，他也只是一臉嫌麻煩的「喔」一聲，就沒有下文了。

妳換了新髮型他也沒反應，妳有沒有化妝他也不放在心上。

結婚前對妳的穿著打扮好歹還會說句：「這個顏色挺適合妳的。」最近卻隻字不提，讓妳的時尚欲望降到冰點，心情親像作風颱。

「○○○的攝影展快要結束了，要不要一起去看？」妳主動邀他出門，得到的回答卻是：「嗯~想去妳就自己去吧！」用冷屁股回應你的熱臉。

一想到下輩子都要過這種生活，妳的心情就很阿砸。

他本來就比較沉默，妳本來就比較多話，原本是愛上他笑瞇瞇傾聽妳說話的模樣，才

願意走上紅毯的。沒想到如今良人變廢人，別說是笑瞇瞇了，根本對妳避之唯恐不及。

不爽！

但是，這個時候妳需要冷靜思考。

結婚前，他為了贏得妳的芳心卯足全力，木訥的他努力融入妳的話題，在妳說話時拚命點頭表示贊同。

不擅長對話的男人，絕不只有妳的丈夫。

幾乎所有的男人，都不擅長表達與溝通。儘管他們面對工作時可以辯才無礙，但是表達自己感覺的能力卻遠不如一塊木頭。

關於表達感情方面，女人的進化遙遙領先。

從小時候開始，大人對男孩、女孩的養育方式就大不相同。

男孩一哭就會被責備：「男生哭什麼哭？男兒有淚不輕彈！」於是男孩們強忍淚水，種下男人不應該哭的觀念，從此將感情深埋心底。

但是女孩一哭，旁人卻會過來關心：「怎麼啦？怎麼在哭呢？」於是女孩們邊哭邊訴說緣由，她們不會壓抑感情，而是訴諸語言。

就從這裡開始，男女的情感表達能力產生了歧異。

妳的丈夫應該也是在這種教育之下長大成人的。

不要單方面攻擊他欠缺對話能力，將眼光放在未來，耐心地改變他吧！

而想要改變他，必須先改變妳自己。

妳是否經常對著他像水庫洩洪一樣說個不停？

對於妳說話的方向和內容，搞不好他心裡想的是：「反正她每次講的東西都差不多。」

遠離職場的女性，對話的焦點經常游移不定，容易模糊重點。

相信妳也不會希望丈夫複製妳跟姊妹淘們的講話模式吧？

「老公？你覺得對話是什麼？你是不是覺得我講話很無聊？」

妳不妨開門見山這樣問他吧！

他或許會回答：「不會啊。」

不過，如果他真的覺得跟妳聊天妙趣橫生，假日就不會總是當悶葫蘆了。一部分的原因，也出在妳身上。

主詞、主題、聲量大小、詞彙多寡……這些都是妳可以多費心、多觀察的。

妳的改變將會成為頂嘴的藝術。而他也會受妳影響，漸漸找出兩人的相處節奏。

You'll get...

讓丈夫對妳目不轉睛的話題力。

4 用居高臨下的態度說：「這種事有什麼好煩惱的？」

妳去參加久違的國中同學會。

續攤時，大家聊到初戀的話題，妳也吐露隱藏多年的祕密。有點玩太嗨的妳，回家時腳步搖搖晃晃。妳跟丈夫說：「我好像受氣氛影響，不小心講太多了，怎麼辦？」

丈夫聽了卻用一副瞧不起妳、居高臨下的口氣說：「這種事情有什麼好煩惱的？」

不爽！

妳剛結束一場懷念的老友重逢聚會，心情正嗨，回到家還全身發熱。因為開心，所以話多，將一天的經歷原原本本地告訴丈夫，將樂陶陶的心情展露無遺。

儘管如此，他卻澆妳一盆冷水，擺出高高在上的姿態。

難得的好心情因此蕩然無存，妳感到孤單寂寞覺得冷。

反觀丈夫呢？他也正怨著妳不懂他的心，深閨怨婦的心情不亞於妳。

老婆什麼時候才回家呢？那是什麼樣的聚會呢？他內心也上演著許多小劇場。但是見到回家的妳興高采烈的模樣，他完全傻住了。會說那句「這種事情有什麼好煩惱」並沒有太深的含意，只是想酸酸妳、讓妳覺得不好過而已。

換個場景，當妳因為跟媽媽朋友之間的人際關係傷腦筋的時候，他一樣也說：「這種事情有什麼好煩惱的？」

讓我們試想看看他為什麼有這種反應：有沒有可能是因為他無法參與妳的世界，所以有點小吃醋呢？或許那種嫉妒真的非常微量，連他自己都未能察覺？他想站在高於妳的位置，背後一定有理由。

如果把精力都花在不爽和傷心上面，對你們的關係一點改善都沒有。從今以後，就運用妳的頂嘴藝術跟他對話吧！

「對呀！我就是會煩惱這種事情。你覺得我是傻瓜？」

既然他問了，妳就打蛇隨棍上。

他那樣說是要讓妳難過、憤怒，如果妳的反應不如預期，他肯定無法馬上接話。

「沒有啦！也不是說妳是傻瓜啦！」他開始結巴。

妳也可以憑藉著老夫老妻雷達，在丈夫想出下一句的話之前，先下手為強。

「你覺得，我何必為了這種事情煩惱對不對？但是聽專家說，煩惱能讓腦袋變聰明，不煩惱的人反而會愈變愈笨喔！」

他聳了聳肩，一聲不吭。趁丈夫心情不錯，趕快補一槍：

「你也多煩惱看看如何？」

「我也是經常在煩惱的。」他回答。

「那～歡迎你隨時找我商量喔！」妳也回答。

等到氣氛變融洽了，就趕緊結束這場對話吧！

You'll get...

愉悅地接受嫉妒的包容力。

5 「妳以為自己幾歲了？」總對我的好奇心潑一盆冷水

孩子們平安長大，也漸漸不需要妳操煩了。接下來終於有真正屬於妳一個人的時光，妳的鬥志高昂，收集了一大堆進修課程資料。

某天，妳對丈夫說：

「我對埃及很有興趣，像是考古學、挖掘遺跡、肚皮舞之類的，你不覺得很有意思嗎？我好想去當地看看哦～」

他卻狠狠地刺過來一槍：

「妳以為自己幾歲了？」

每當妳說些天馬行空的想法，丈夫照例都會拿這句來堵妳，就好像拿一桶水淋在妳好奇心的熊熊大火上面。

不爽！

「幾歲有關係嗎？我只是做自己想做的事！」縱然妳當場頂了回去，卻一點也無法釋懷。

這是當然的，因為他的一句話就把妳打敗了。

你們夫妻的對話已經形成固定模式，總是以妳的不爽終結。

這樣下去你們的關係將永遠一成不變，妳和他的成熟度都無法提升。

大破大立，必須從根本來改革才行。

妳要讓他講不出那句台詞，就要先擬定作戰計畫。

「妳以為妳幾歲了？」想想看，他都是在怎樣的情境下說出這句話的？

好像都是在妳充滿了好奇心或求知慾、眼睛閃閃發光的時候吧！

或是當妳穿上流行的透明雪紡衫、戴上 Bling bling 的項鍊時，總會接受到他的吐槽死光攻擊。

據我猜想，當妳踏出他心目中「女性形象」和「母親形象」的範圍時，他就會緊張著急，忍不住說出這句話。

也就是說，他也強制自己留在「男性形象」和「父親形象」的範圍裡，被年齡牢牢地束縛了。

「老公，你若老是在意年齡，會老得更快的！不多點好奇心的話，你的心也會得骨質疏鬆症喔！因為好奇心，可是心靈的膠原蛋白啊！」

在對他的話不爽之前，先表述一下妳對於好奇心的見解。

「老公，那你對什麼事情有好奇心呢？」

「妳問我？嗯～是什麼呢？」

「你該不會要說是年輕辣妹吧？」妳逼問。

「幹、幹嘛這樣講？」

「因為，你動不動就愛提到年齡啊！介意自己年齡的人，才特別會去注意別人的年齡。」

「哦？是這樣嗎？」

「是啊！人生難料，不要給自己設限啦！」

對於妳的精闢見解，丈夫只能點頭如搗蒜。
順帶一提，二十世紀的時尚界代表人物可可・香奈兒曾經這麼說過：
「女人隨著年齡增長，更應該追隨流行時尚。只有年輕女孩才有資格呈現不經修飾的真實面貌。」

You'll get...

以成為年齡不詳的夫妻為目標的求知力！

6 只要一看家，就對我的回家時間碎碎唸

因為丈夫同意看家，妳去醫院探望住院的朋友。正好碰到朋友的姊妹，就一起到醫院附近的咖啡店聊聊天，不知不覺就聊了一個鐘頭。

比原先預定的時間晚回家，妳的腳步不禁加快。

「我回來了！」一打開大門，立刻傳來丈夫的聲音：「怎麼這麼晚？」

不爽！

講一句「回來啦」有這麼難嗎？

怎麼不先問候我朋友身體怎麼樣呢？妳很不爽！

又有一天，妳到超市購物。因為是週末，丈夫沒事在家。買完東西，妳踏著輕快的腳步回家。

丈夫見到妳，這次喃喃說了一句：「怎麼這麼早？」

妳不是會忍氣吞聲的人，立刻回嘴：「怎樣？有意見嗎？」

當然，這樣的對話讓人感覺很差。

每次聽到「怎麼這麼晚」、「怎麼這麼早」這種話的時候，妳都不禁覺得丈夫不在家的日子自己過得比較開心。

那麼，讓我們換到丈夫的位置思考看看。

他講話並沒有特別的含意，只是不懂得遣詞用字罷了。

每當妳出門，他就像個等待下課鐘響的小學生一樣翹首等候。「怎麼還不回來？怎麼還不回來？」一邊碎唸一邊偷瞄時鐘，整個人靜不下來。

直到聽見妳那句「我回來了」，他才放下胸中大石：「太好了，老婆回家了！」

但是，他卻沒辦法直接表達出內心的喜悅。他唯一能做的，就是從「怎麼這麼晚」、「怎麼這麼早」兩句話裡挑一句講。

對他來說，語言是隱藏內心真正感受的工具。

但是對妳來說，語言則是表達感受的利器。

遇到這種狀況時，妳不妨大聲抗議。

「老公，我回家的時候你不要老計較時間早晚，說句『歡迎回家』嘛！那樣我會比較開心～」

妳突如其來的提議或許會把他嚇傻，沒辦法立刻回覆「好啊」、「我了解」這種標準答案，但卻讓他上了一課，學到新東西。

接下來的時代是必須靠溝通吃飯的，每個人都要具備精準便用語言表達情感的能力。

不管是在職場還是家庭，不主動表現情感、只巴望著對方能夠自動察覺的話，根本不算是人際關係。

妻子將心得與丈夫分享，丈夫也給妻子建議，我認為這才是圓滿夫妻應該有的相處模式。

當妳覺得心情不美麗的時候，只強壓下來卻不加以運用，簡直是暴殄天物。

丈夫的應對與回覆就像盆栽，等待著妳去裁剪。

因為，這是唯有身為妻子的妳才辦得到的終極任務。

You'll get...

掌握時機加以裁剪、塑型的應對力。

是什麼都要準備得很豐盛，才表示誠意十足。你不用擔心，不會給你添麻煩的。您府上兩位長輩喜歡低調，我們兩家習慣不一樣，又有什麼辦法？」

丈夫悶不吭聲。

「我趁這個機會跟你說清楚，請你以後不要再說我娘家的壞話，會讓我受傷的。我當然有很多缺點，也許我不是一個配得上你的好妻子，但是這並不是我娘家應該負的責任，是我自己的責任。」

妳嚴肅、平靜、字斟句酌的口吻，讓丈夫背脊一涼。

一直以來，他享受著妳的善體人意，總是說些口是心非、不識大體的話，言行舉止都只考慮到自己。

結婚前的純真早就消失得無影無蹤，最近更是連身為「丈夫」的自覺都沒有。

如果妳不明白指出他的盲點，他會愈來愈喪失自我本色，走上古時男人只會用蠻力服人的老路子。

妳不能把丈夫寵壞！

在家裡被寵壞的丈夫，是不可能走出社會就搖身一變成為可靠的中流砥柱的。妻子的角色必須提升回話技巧、鍛鍊頂嘴藝術，幫助丈夫成長。妻子甚至可以大膽破壞丈夫的思考迴路。

人生很漫長，如果妳的伴侶永遠是只會耍任性的小鬼，妳的旅途會很乏味的。

善用頂嘴的藝術，提升丈夫的會話力，開拓兩個人更明朗的未來吧！

丈夫一定也經常沉浸在自我厭惡的愧疚感當中，等著妳去解救呢！

You'll get...

讓丈夫成長為能與人真心對話的男人，就是聰明力！

第二章

婆婆的碎碎念有夠煩

1 偷偷買玩具給孩子，還教他「不要告訴媽媽」

公公婆婆都非常疼孫，雖然是值得感恩的事，但有時疼得過頭，反而讓妳難以招架。尤其是婆婆經常跟孩子說「要保密，不要跟媽媽講」，然後給孩子買玩具或糖果，讓妳非常介意。

孩子都會向妳報告：「阿嬤說不要告訴媽媽，買了這個給我哦！」

妳不希望孩子這麼早學會「祕密」這個概念，也一向都教導孩子要生日或聖誕節才能拿到禮物，長輩居然如此不尊重妳的教育方針。

不爽！

婆婆是說想看孫子開心的笑臉，其實只是用物質討孩子的歡心。否則怎麼會提醒小孩不要讓媽媽知道呢？真是老奸巨猾！

妳應該先訂立作戰計畫，再與婆婆正面交鋒。重要的是，一定要先用感謝的話來開場。

「媽，謝謝您總是這麼破費。」

「哎喲，我哪有破什麼費啦！」婆婆說。

「您別客氣，孩子都跟我說了。」

「是喔？沒關係啦，一點小意思而已，因為孩子說想要嘛！」

講到這裡，妳就應該挺身而出了！妳是孩子的母親，養育孩子的義務和權利都在妳身上，妳是最有立場講話的人。

「媽，我有事想跟您商量，希望您不要見怪。其實我有兩件事想拜託媽媽幫忙。」

妳可以在這邊停頓一下。

婆婆的內心一定七上八下，不了解媳婦的葫蘆裡賣的是什麼藥。

「其實，您前陣子買的小熊布偶，家裡已經有一樣的了。不曉得那孩子為什麼沒有告訴您呢？真的很抱歉，我們是規定孩子只有生日和聖誕節能夠得到禮物……」

小熊布偶的前導一點都不重要。不想傷害對方而說的善意謊言，只是為了轉個彎讓世界更美好。

「還有，教孩子『保守祕密』也有點……」

主題表達要明確，但是語尾可以含混帶過，以免聽起來口氣太衝。

「欸？『祕密』有哪裡不對了？」

「我想孩子長大之後就會自然了解，但是祕密畢竟是有事情隱瞞別人，我們都教孩子什麼事情都要告訴大人，這樣他會無所適從……」

妳應該面露平靜的笑容，慢條斯理地、溫柔婉轉地把話說完。

婆婆伸手打不了笑臉人，或許會使出強酸攻擊。

可是妳早就有心理準備了，切記「心如止水、心如止水」。

為了不讓孩子以為只要拜託奶奶什麼願望都可以實現，將來不是變成愛撒嬌的戀母情結而是戀嬤情結患者，全都要靠妳奧斯卡級的壞女人演技了。

You'll get...

堅定而溫柔地擊退婆婆的知性力！

2 動不動就搬出「我當年結婚的時候……」的陳腔濫調

老公和妳是一對熱愛衝浪的夫妻，兩人只要一放假就往海邊跑，回婆家的次數屈指可數。

婆婆對你們夫妻多所抱怨。尤其是針對妳的批評，更是挾槍帶棍。

開場白一定是「我當年剛結婚的時候啊……」接下來就是強調自己有多辛苦、多吃苦耐勞。

剛開始還可以應和一些像是「天啊」、「哇」、「媽您好厲害哦」等感動詞語，假裝出既驚訝又佩服的態度。

但是久而久之，妳可不能只對這些陳年往事點頭稱是。

「最近的年輕人真好命啊～」這句固定結語也讓妳很介意。

「您說的對。不過啊，最近的年輕人好像也有很多煩惱，很多人因為人際關係不順利而生病呢！」

對於婆婆的言論，不需要用「您錯了」、「不是這樣的」這種強烈的反駁，首先來句「您說的對」給予認同才是溝通的重點。

接下來，妳就可以抒發自己的意見了。

對於婆婆含辛茹苦的過去，首先要給予肯定。

「婆婆，原來您吃過那麼多苦，真是太了不起了！」說完再大力稱讚一句：「換成我就絕對辦不到！」

「怎麼這麼說～不過呢，『媳婦』本來就是要學著忍耐、好好侍奉夫家的。不能用一句『辦不到』就打發過去啊！」婆婆順水推舟施壓。

不爽！

妳可不能中了婆婆的圈套。

「那種觀念已經跟現在不一樣了呢！現在可沒有什麼『侍奉夫家』這種想法。」

妳用開朗的口氣一邊裝傻、一邊將婆婆和自己分別放在「過去」和「現在」兩種時空。

婆婆擺出一張臭臉，應該是不喜歡妳這種二分法。

「所謂的傳統呢，就是不會隨著時代變遷而改變的。」婆婆說。

「也對，俗話說是『破壞』和『創造』在推動時代呢！」

妳和婆婆的對話根本是雞同鴨講。

吃了一驚的婆婆想不出下一句反擊的話。可惜只過了一會兒，她的思考迴路又接上了。

「我結婚的那個時候，社會風氣不是這樣的！大家都更懂得為別人著想，對父母更是孝順……」

妳一邊聽一邊點頭，同時還為她搭好了台階：

「對呀，傳統真的很重要。」

藉著這種牛頭不對馬嘴的對話，婆婆完全搞不清楚妳在想什麼，覺得跟妳討論事情是浪費時間，也許好從此就會跟妳保持距離了呢！

然後婆婆回到自己的團體裡，訴苦著「現在的年輕人簡直像是外國來的」而獲得共鳴，取得安全感。

妳必須有心理準備，成為婆婆眼中沒大沒小的媳婦。

雖然一開始在婆婆心中種下這樣的形象看似是扣分，但對於往後的互動反而是加分。

「雖然沒大沒小，但是心地還滿善良的」、「雖然沒大沒小，卻又滿聽話的」……妳的「沒人沒小」，總有一天會成為婆婆了解妳的橋樑的。

You'll get...

直率表達「我無法變成妳」的反骨力！

3 對於做家事、帶小孩、社交禮儀、儲蓄都倚老賣老

「妳都用哪個牌子的乳瑪琳？」

擅長廚藝的婆婆，每次一到妳家就愛進廚房，然後進行一連串的問題攻擊。甚至還會打開冰箱查看。

不爽！

妳也是為了丈夫和孩子的健康盡心盡力，但是婆婆卻只會以前輩的身分挑三揀四。不管是食材的選擇還是做菜的方式，沒有一樣看得順眼。

「滷東西應該要這樣調味！」

總是強迫妳接受她的做法，已經超出善意的範圍了。

這時候妳只需要帶著笑容不時點頭，說些「好的」、「我知道」、「我試試看」、「謝謝媽」就好了。

婆婆覺得自己的做法才是最正確的，妳不需要跟她起正面衝突。

「我都不知道呢」、「原來這樣做就好了啊」、「我也辦得到嗎」這些應答，都具有緩和婆婆情緒的效果。

只要小小稱讚一下就好了，千萬不要說出「請媽教我」這種話來自掘墳墓。

另外，因為身為前輩的婆婆對於食衣住行各方面都有很多主張，所以妳各方面的心理準備都要做足。

「妳不嫌棄的話，要不要把我這件毛衣拿去穿？是喀什米爾羊毛，質料很好的。沒穿過幾次，就拿去吧！」

不只是毛衣，婆婆還接二連三給妳一堆她用過的披肩、包包。

對於穿著打扮很有想法的妳來說，真是天大的麻煩。妳好想大叫：「別開玩笑了！」

就算委婉地說「不用麻煩」，對方根本當成耳邊風。

「沒關係的，不用客氣。」婆婆說。

她的決心不動如山，硬是把禮物塞到妳手裡。

這個時候，妳應該來個三百六十度大轉彎。

「媽，其實我很喜歡買衣服，家裡的衣櫥都快塞不下了。過一陣子我朋友要辦跳蚤市場，我還想拿一些不需要的東西去賣。我們家又不大，放不了那麼多東西……」

如果丈夫和小孩就在旁邊，妳可以向他們尋求認同：「你們說對不對？」

若是婆婆不希望自己的毛衣被拿去賣掉，應該會說句「這樣啊」，就摸摸鼻子收回去才對。

當丈夫不在家的時候，如果婆婆針對教養小孩或是儲蓄的問題來跟妳談，妳就明確地回答：

「我覺得教養應該要統一由一個人來主導。」

「儲蓄的事情是照孩子爸爸的計畫進行，有很多細節我不清楚。您如果想知道的話，就直接去問他吧！」

婆婆就是因為不敢問兒子才來問妳的。妳的回覆讓她心頭一驚，發現妳是個不可小覷的厲害角色。

對於媳婦而言，日常生活就是妳的職場。

不管碰上多棘手的婆婆，都要化上美美的妝，擺出妳燦爛的笑容，大方展現妳身為後輩的存在感！

You'll get...

用自己的風格輕鬆迎戰的自強力！

4 話題永遠只有八卦、緋聞和別人家的閒話

午後時光。婆婆和妳圍著茶几而坐。不知道是因為世代的差距，還是觀念的不同，妳跟婆婆對話時經常不知道該如何接話。

「我聽說啊，〇〇〇要結婚、退出演藝圈是真的嗎？」婆婆說。

「不清楚耶！」妳回答。

「聽說△△要跟歌手再婚，那跟前一任生的小孩該怎麼辦？」婆婆說。

「不知道耶！」妳回答。

婆婆的話題永遠環繞著八卦雜誌和電視節目。

「妳有看□□的婚禮實況轉播嗎？」婆婆說。

「沒有耶！」妳回答。

「是喔？我有錄起來，要不要借妳看？」

「沒關係，不用了，反正我也沒時間看。」妳帶著笑容明確拒絕。

「沒關係啦，慢慢看，我可以借給妳。」婆婆說。

到了這一步，實在沒辦法繼續找藉口搪塞。

「媽，我真的沒興趣啦！」妳說。

婆婆一聽就擺出不可置信的表情。

「哎呀，是喔？妳很特別耶～」

奇怪！

她自以為妳應該跟她有志一同，所以無法理解妳的想法怎麼會不一樣。她覺得很不是滋味，好像妳故意擺架子。

她說的「特別」指的是「例外」，這句話代表著她對妳的責怪。

每個人的個性都不相同，想法也南轅北轍，不可能一模一樣。

婆婆也明白這個道理，但是放到現實生活中，就無法忍受妳跟她持相反意見。

她很喜歡拿親戚家的小孩來比較、分出等級，也喜歡把親朋好友的幸與不幸作為茶餘飯後的消遣。

「我朋友的兒子啊，在上海認識了一個中國人，說要娶對方。我朋友大受打擊，都病倒了呢！真不曉得該怎麼辦才好。」婆婆說。

「喔？異國通婚嗎？那很棒啊！」我說。

「但是呢，我那個朋友家的背景啊……」

婆婆降低聲調，換上嚴肅的口吻。

對妳來說，這些登場人物沒半個認識，聽得妳頭昏腦脹。加上婆婆又加油添醋，把那個朋友的生活講得活像鄉土連續劇，妳實在不知道該做出什麼反應。

但是，如果一直在旁邊點頭很可能讓婆婆誤以為妳是她的忠實聽眾，從此耳根就不得清靜了！不趕快打斷的話，機會可是不等人的。

如果妳覺得言語的頂嘴很傷神，就用行動或肢體語言來表達吧！

妳一邊聽婆婆碎念、一邊抓緊她喘口氣的時機，從椅子站起來。

「媽，要不要喝杯茶？」

如果用話語沒有辦法改變狀況，可以左右上下動動手掌、脖子、肩膀，用包含比手畫腳的肢體語言來打破局面。

婆婆講話的態勢就像沒有終點的火車，愛往哪開就往哪開，停不下來。妳必須傳送停車訊號。

要打斷婆婆的話，就需要茶或咖啡來調劑。

妳跟婆婆幾乎不可能相談甚歡。雖然沒必要絕望，但也最好不要抱太大期望。頂嘴、回話的目的並不是擊倒對方，而是讓溝通進行得更順利。

在對話中充滿矛盾的兩個人，卻可能透過肢體語言取得共識。嘗試看看吧！

You'll get...

誇張使用話語、手勢、表情、動作的煞車力。

5 對兒子無條件打滿分，對媳婦卻雞蛋裡挑骨頭

婆婆很擔心丈夫的過敏症狀，送了各式各樣的藥來。剛開始很感謝她的體貼入微，後來卻漸漸變成壓力。

另外，還會定期送來一箱箱食品。裡面總附張紙條說這是丈夫最愛吃的東西，但是丈夫表示根本不喜歡，連一口都不碰。

每次妳都必須回覆感謝的電話或卡片，讓妳煩不勝煩。

婆婆覺得妳的道謝誠意不夠，向丈夫的姊姊抱怨，於是姊姊又打電話給妳：「媽媽對妳很失望哦！」

不爽！

偶爾跟婆婆碰面，也淨講些丈夫小時候的故事。

「那孩子小學一年級的時候，校慶表演『三隻小豬』，他是演主角呢！」

婆婆剛開始講得很開心，卻忽然垮下臉來。

「他小時候很善解人意的，但是現在全變了。是環境的關係嗎？他很單純的，很容易受到周遭別人的影響啊！」

這段話背後的意思，就像在說丈夫是因為妳才變得不善解人意的，讓妳更加怒火中燒。

至於說到孫子孫女們，不管是長相、體型、才智、個性，都一一檢視是像丈夫還是像妳，不好的地方當然全都歸咎到妳的遺傳。

「跟我兒子小時候像極了，不管是亮晶晶的大眼睛，還是害羞、乖巧的個性。」

沒見過丈夫小時候的妳也沒辦法反駁說「才不是那樣呢」，只好順著她的話說：「喔，是這樣喔？」

沒錯，婆婆就是想強調她知道很多妳不知道的事。

跟妳說這麼多往事和回憶，無非就是在彰顯自己的存在感，完全出自一種不希望後輩對自己視若無睹的老媽心機。

因此，妳的反應如果是「啊，我聽說過那件事」、「老公有跟我講過」，試圖想跟婆婆一起分享往事，反而會造成反效果。

這種情況下的頂嘴藝術，也就是左耳進、右耳出的「聽過就算力」。

不要認真。

不要鬥氣。

不要競爭。

婆婆在「情感羈絆」這一點上，認為她和兒子之間的「母子情」是遠大於妳和丈夫之間的「夫妻情」的。

這種想法的根基，就是一種競爭意識。

她處處跟妳計較、不想輸給妳。她到底不想輸掉什麼呢？

不想輸掉她在兒子心目中的地位。身為母親，不想在重要度上輸給妳這個妻子。

但是情感羈絆原本就分不出優勝劣敗，為此劍拔弩張實在不合理，而且浪費力氣。

妳可千萬別被婆婆牽著鼻子走。

當婆婆送來東西，妳道謝的時候可以說：

「老公說他不喜歡，都不肯吃耶，我該怎麼辦才好？」

藉由商量的口吻，發揮妳溫柔的頂嘴吧！

敵人之間是不會商量事情的。

妳只要加入一點商量的口氣，做為妳已經放棄「競爭」的證明，相信婆婆一定能夠感受到的。

就像北風和太陽的寓言故事一樣，妳可以憑藉不時跟婆婆商量「這件事該怎麼辦才好」的態度，讓婆婆御下敵對的武裝外套。

至於婆婆給妳的建議，有時聽聽就好，不需要真的當一回事。

You'll get...

該學習的地方就努力學習的吸收力！

6 完全把我的話當耳邊風

孩子在幼稚園跌倒受傷了。

因為只是皮肉傷，妳聽完老師解釋當時的情況後，沒多想什麼就帶孩子回家了。

婆婆知道這件事之後大發雷霆，直嚷嚷說要去找幼稚園談判。

「妳完全被幼稚園看扁了嘛！」

「不是的，是孩子自己跌倒的，所以跟學校沒有關係，孩子自己也這麼說的。」

「說不定是被頑皮的同學故意推倒的呢？我的乖孫一定是怕得不敢講實話！」

婆婆一向不擅長理解事實，卻是編劇的箇中高手，而且還對自己想像出來的故事深信不疑。

「好可憐，雖然現在說不痛，萬一之後發生後遺症怎麼辦？」

婆婆喜歡把事情想得既悲觀又戲劇化，如果不阻止的話，她的想像力會一發不可收拾。

「孩子很堅韌的，不會因為跌倒這種小事就怎麼樣的。您覺得他是會把錯怪在同學身上，那種心機很重的孩子嗎？」

妳平靜地向婆婆頂嘴。

實際上，婆婆並沒有仔細聽進妳說的話，但是卻迅速地察覺到無法在這件事的本質上講贏妳。

她話鋒一轉，改成抱怨在百貨公司掉了傘。

「不是我忘了拿，是被別人偷走的。這麼說起來，旁邊的確有可疑的年輕男人晃來晃去，我記得很清楚！」

婆婆開始強調自己的記憶力。

「也有可能是記錯了啊！」

如果妳這麼回應，事情就大條了。

「我還沒有老年癡呆！」婆婆一定會大抓狂，所以聰明的妳當然不會這麼說。

「真是倒楣呢！」妳不痛不癢地回一句。

婆婆覺得自己的主張絕對不會有錯，不可能接受其他不同的聲音。
她同樣認為自己所屬世代的觀念是唯一真理，總把其他世代講得一文不值。
「現代人都缺乏信念，所以才會一直換工作，什麼事情都做不久。」婆婆說。
缺乏信念？

不爽！

對於無法忽視的話，不妨明確地提出質疑。不能退讓的事情，就要勇敢地說出來。
「質疑」的對話形式，是一種極具力量的頂嘴表現。
「媽，您說的信念，是指具有相當程度的依賴與確信嗎？」妳問道。
「沒有那麼嚴肅啦，就是堅持相信某件事情是正確的囉！」婆婆回答。
「如果是這樣的話，我覺得每個人都是有信念的。不然怎麼生活呢？」妳說。
深信自己的論點最正確的婆婆，聽了當然不爽。
「才不是呢，貫徹自己相信的事物，那種堅持就叫做信念。」

婆婆的口氣變得尖銳。

「毅力和信念應該是兩碼子事吧？」妳說。

故意掉書袋是重點。

婆婆答不上妳的話，或許會把妳貼上「傲慢」的標籤，從此對妳敬而遠之。

對於不想聽別人說話的對象，也不需要努力讓她聽懂。只會把自己搞得很累罷了。

妳大可假裝在聽，其實是有聽沒有到。多經歷幾次交戰，妳「左耳進、右耳出」的功力就會愈來愈爐火純青。

這種技巧，應該可以幫助妳擺脫聽了就不爽的婆媳魔咒。

You'll get...

不能退讓的部分以外，全部當作沒聽見的裝聾力！

第三章

快對難以溝通的父母抓狂

1 同樣的話要講幾百遍

「兄弟姊妹裡面，就妳最讓我費心！」媽媽一旦這麼起頭，妳就會在心裡翻白眼：「又開始了。」

「妳容易生病，又怕生，還經常鬧彆扭說不想上學，為了妳我不曉得吃了多少苦頭……」媽媽開始碎碎念。

不爽！

「同樣的事要講幾遍，我耳朵都長繭了。」妳皺起眉頭說。妳非常討厭媽媽這種討恩情的口吻。

「多虧了妳，我才能長得這樣頭好壯壯啦！」妳可以這樣回嘴，但是對方無法感受到妳的真心。因為妳陷入了情緒，講出來的都是氣話。

不要讓溝通流於你一言、我一句的互相責罵。想要讓回話充滿知性，就必須隱藏妳內心不知從哪冒出來的滾滾怒氣，好好解釋清楚自己的立場與想法。

媽媽從前的夢想是當職業鋼琴家，但是因為妳太難帶，只好放棄夢想……每次媽媽對著妳回憶往事，總不忘加進這段。

她說話從來不照時間順序，重點跳來跳去，常常連自己也搞不清楚講到哪裡。同一件事翻來覆去地講，總讓妳火氣直衝腦門，這樣下去的話，妳會變得討厭媽媽，無法忍受她的所作所為。

在形成那樣的局面之前，妳需要一個轉機。

對妳們母女倆來說，這個機會十分關鍵。姑且不論母女關係，兩人也是有緣才會相逢，能夠更了解對方，相處起來豈不是更有趣嗎？

話語是具有無限可能性的，可以讓初相見的兩人互相對立，也可以產生共鳴。關於話語蘊藏的可能性，人類的研究還完全不成氣候，也缺乏實驗結果佐證。要讓這些可能性互相碰撞出火花，我們的勇氣也還不夠。

所以，就由妳開始吧！

為什麼媽媽會一再重複相同的話？妳很想知道原因。

但是在這種狀況下打破砂鍋問到底，對妳們的關係並沒有正面幫助。與其追問對方，不如妳率先表白，誘導她說出原因。

「媽媽的夢想被我中斷的事，我真的很難過。但事到如今還能怎麼辦呢？我該怎麼做才好？媽媽希望我為妳做什麼？」妳可以這樣問。

「妳這孩子在說什麼呀？傻瓜，我只是懷舊而已，不要想得那麼嚴肅啦！」媽媽說。

「既然如此，可以就此打住嗎？如果妳又開始講，我可是會發出『黃牌』喔！」妳說。

搞不好，媽媽也一直在等待妳開口喊「卡」。

總是重複同樣的話，或許正反映出說話的人沒有被體察的心情。

You'll get...

互相怨懟不如老實說的黃牌力！

2 「工作還順利吧？」動不動就愛問丈夫的薪水、獎金、升遷問題

小嬰兒忽然哇哇大哭，母親慌了手腳：「怎麼辦？傷腦筋，我該怎麼做才好？我不知道……我才想哭呢！」養育子女就是這麼一件讓母親焦頭爛額的事。

上了小學之後，擔心不減反增。就算上了大學，父母的煩惱和責任也不會隨之減輕。等到孩子終於踏出社會，還來不及鬆口氣，又面臨下一個課題——結婚。

總而言之，母親的角色就是始終為孩子牽腸掛肚，有時汲汲營營、有時緊張兮兮。

但是站在孩子的角度，卻很難理解媽媽的牽腸掛肚，只會心想：「幹嘛老是問這問那的？」反而覺得媽媽很煩人，恨不得離她「愈遠愈好」。

假設妳已經結婚，離開原生家庭。直到現在媽媽還是用對小孩的態度對妳。偶爾碰面，第一句話就是問：「工作順不順利？」

「妳說我老公嗎？還ＯＫ啦！」妳回答。

「家事都有處理妥當嗎？」媽媽問。

「別看我這樣，我其實很能幹的！」妳說。

「老公的薪水夠養家嗎？」

「不夠也沒辦法啊，老是抱怨也沒有幫助。」

「他的獎金大概有多少？」

對話進行到這裡，妳原本帶著笑意的嘴角也開始抽搐。

「我老公的獎金跟媽媽有什麼關係？」妳說。

「沒有啦，我只是擔心所以問一下嘛。」

尷尬氣氛瞬間緩解。

母親又接著問下去：

「那，他在公司的評價怎麼樣？」

「媽，妳到底想知道什麼啦？」妳說。

「沒有啊……我只是希望妳過得幸福……」媽媽說。

奇怪！

對話進行到這裡總會中斷。妳生著悶氣，放棄跟母親繼續溝通。

但是，這樣發展下去，妳們將只能維持母親和女兒的血緣關係，無法進化為兩個成人之間的親情關係。

從今天開始，在妳生悶氣之前應該堂堂正正地回嘴，不要再扮演小孩子的角色了。

「媽，妳好像間諜喔！不要問這些怪問題好不好？不只對他不禮貌，連我都覺得好像被侮辱了。」妳明確地提出抗議。

重新提出獨立宣言是必要的。

媽媽恐怕會大吃一驚，被妳這麼衝的口氣嚇到。

為什麼呢？因為她問這些問題並沒有特別的用意，只是出自關心，才會這樣一不問二不休。

在她的眼中，不管到了幾歲的妳都還是小孩子。她覺得有責任要照顧妳的生活。

或許媽媽自己沒有意識到，她對妳的「責任」不知從何時起變質成了「權威」。

母親對孩子雖然有「責任」，卻不代表「權威」。

母親若想要向長大成人的女兒表達親情，就應該遵守成人之間的分際。

首先，不能刺探對方的隱私。彼此之間愈親近，就愈必須尊重對方的私人空間。

「媽媽，我現在是老公的人生伴侶。就像經營一家公司一樣，我們有自己的經營方針和企業機密，妳不要問那麼多啦！妳愈問我會愈不想說的～」妳可以這麼說。

妳應該冷靜地、平心靜氣地告訴媽媽成人的相處規則。

「不要管我」這句話是絕對禁忌。「管」這個字對母親來說格外刺耳，會刺激她產生抗拒心理。

妳就照著妳內心的感覺，帶著笑容、用討人喜歡的成熟話術來說明。

「媽媽，如果妳希望我幸福的話，拜託妳，不要再問一些失禮的問題了。我的幸福是我自己應該負責的。」

或許母親當場並不會直接表示認同，說出「知道了」來回應妳，但是內心絕對會因為妳回話的勁道而深受衝擊。
妳的進步，也必然能引導母親的進步。

You'll get...

重視私人生活的成人相處力！

3 每次見面就來頓「要跟婆婆好好相處」的八股說教

妳搭客運約兩個小時就可以回娘家，但是考量前後需安排的事，其實並不頻繁。好不容易找到了機會，回去見見雙親，不知不覺就到了回家時間。

「那我走了，你們好好保重身體喔！」妳說。

「要跟婆婆好好相處啊！」母親說。

「討厭啦～媽，怎麼老講這句話？」妳說。

「講多少遍都不夠啦～要好好跟婆婆相處！」母親說。

對母親來說，「女兒嫁人」的觀念遠比「女兒結婚」來得強烈。因為她期望女兒別跟婆婆吵架，和睦相處，當個討人喜歡的媳婦，所以總忍不住嘮叨幾句。

但是妳一聽就會——

不爽！

妳無法率直地接受母親的心意。

好不容易開心地回娘家，妳不明白為什麼每次都要用這句八股的話作為餞別。

雖然說一句「好，我知道了」就可以解決，但是妳就是不想說這種空虛的謊言。

是世代差距還是立場不同？母親對傳統觀念沒有任何抗拒和質疑，只是想給妳忠告。

她認為那是身為母親的義務。她基於常識說出理所當然的話，萬萬沒想到會引起妳的反彈和不愉快。

換句話說，她只是說出一般「好媽媽」會說的台詞罷了。

如果不制止的話，她往後還會一而再、再而三地對妳說相同的話。

妳必須鼓起勇氣頂嘴。

「媽，不要講那種老生常談的話啦！要跟一個人相處得很好，就代表也必須要吵架啊！」妳說。

「不行啦！不可以吵架。就算不是真心的，表面上對婆婆還是要說『是、是』，姿態要放低！」母親說。

「媽，妳太老派了啦！低姿態不就是客客氣氣、不能說出自己的想法嗎？時代早就不一樣了。」妳說。

良好的關係不是發生在人與人接觸的當下，而必須經過時空的淬鍊，最後自然形成。一開始就以「好好相處」為目的，卻無視於雙方的個性或想法，實在是太不自然了。

「我不想要那種刻意做作的婆媳關係。倒不如把眼光放長遠一點，慢慢建立互相尊重的相處模式。」妳說。

母親聽到妳的決心，應該就不會一再重複那些陳腔濫調了。

You'll get...

超過表面形式的真心力！

4 總是羡慕我朋友或認識的人，說「妳也要好好加油！」

「好像聽說A要在陽明山買房子？妳也要加油啊！」母親噹了妳一記。

但是A的先生和妳的先生工作性質完全不同，妳和她的價值觀和人生觀也大異其趣，根本無從比較。然而母親的語氣卻羨慕極了。

過了一會兒，又爆出另一條新聞：

「聽說B要成立一間飾品公司耶！好厲害，妳也要加油啊！妳之前說要追求「理想中的自己的決心，都跑到哪裡去了？」母親說。

她似乎對最近的妳很不滿，動不動就要酸幾句。

「難得都學了西班牙文，不利用豈不是太可惜了？」

真不知道她是在鼓勵妳還是責備妳，聽起來兩邊都有可能。妳聳聳肩表示「聽到了」。

「不管在國中還是高中，妳的成績都比B好，妳就多加油吧！」母親說。

不爽！

妳的忍耐終於到達臨界點。

「媽，我也是很努力啊！但是再怎麼努力，處理眼前的問題就已經很吃力了。妳是不是太看得起我了？」妳說。

「妳在說什麼啊？妳也是很有發展性的。妳留過學，又待過一流的廣告公司，幹嘛要自我放棄？不要甘於當一個平凡的主婦啊！」母親說。

沒錯，母親對妳寄予厚望。

她希望妳能代替她完成做不到的事，所以幫助妳、支援妳、鼓勵妳。對她而言，妳就是未來、就是希望。

當然，她並不是對妳有所求才把妳撫養長大的。但是對於妳不願意迎合母親的期待，她是相當悔恨的。

這種心情無處排解，只好搬出妳的朋友或認識的人，然後用「妳要好好加油」做為攻擊的武器。

這種時候妳要明確地、有技巧地頂嘴。正如母親對妳抱持著憤怒或遺憾的感覺，妳的感覺也值得受到重視。

「媽媽，我跟妳說，我很高興妳對我期望這麼高，但是老實說讓我壓力很大。我現在的生活就很開心了，只要全家人健康，我不需要第二棟房子啊！」妳說。

「我從前很希望成為大家說的『理想中的自己』，但是那全都是虛幻的。如果又想變成A、又想變成B，一直在追求理想中的自己，到最後誰也當不成，甚至會迷失了自己。

別人是別人，我是我。其實，我只想當我自己。

我想成為『我能夠當的自己』。西班牙文遲早有天會派上用場的，不需要心急。

我旅行過很多地方，遇見了很多人，我現在的心裝得下很多東西。

所謂的加油，是要不斷地忍耐、努力，永不停止。我的目標是成為『我能夠當的自己』，所以我想慢慢開發、醞釀自己的能力。究竟我能夠多忠於自我，每天都是考驗。

我覺得我無法符合媽媽的期待。但是我想符合自己的期待。別對我失望，看著我努力好嗎？」

聽到妳如此真誠又懇切的話，媽媽一定覺得妳耀眼得難以直視，而且也會認同妳的看法。

頂嘴的藝術，同時也是讓對方接納妳的意見的藝術。

You'll get...

能夠斷言「成為真正的自己」的自我力！

5 總對我的度假方式有意見：「又出國玩？真好命耶！」

妳從少女時代就對歐洲有興趣，一直想快點長大，到各個國家去遊歷。

如今終於完成了遺跡、美術館的巡禮，妳的興趣濃度更上一層樓了。因為是從事進出口貿易的工作，妳獲取資訊也特別容易。

妳打算利用暑假去羅馬尼亞。一跟媽媽提到這件事，她立刻沒好氣地說：

「又出國玩，妳還真好命耶！」

妳興奮的心情頓時跌到谷底。

「好過分！媽媽，妳這句話是什麼意思？我一向喜歡歷史文物，妳不是從以前就知道嗎？」妳說。

「知道、知道，所以才說妳好命啊！」媽媽說。

「幹嘛這樣酸溜溜的……」妳說。

「有體諒妳的丈夫、做妳喜歡的工作、去妳喜歡的地方，很羨慕妳啊！」媽媽說。

不過說「羡慕」的口吻卻透露出明顯的不友善。

不爽！

原本以為媽媽很了解妳，卻聽到這麼冷淡的口氣，讓妳大受打擊。從前母女倆也三不五時會吵嘴，但是這次的裂痕特別深。妳很在意「好命」這句話。既然在意，就抬起頭來吧！別讓關係跌進沉默的深谷，先有一搭沒一搭地重啟對話。

「是嗎？我懂了，媽媽也想出國玩對吧？」妳說。

「妳在說什麼？哪有那種閒工夫啊！該做的事一件接一件，平常就已經累得要死了！」媽媽說。

「可是，妳剛才不是說羡慕我嗎？」妳說。

「欸，我有說嗎？」媽媽說。

也就是說，媽媽被每天的雜務追著跑，忙到連照鏡子的時間也沒有。

她知道這就是家庭主婦的工作，但是總覺得好空虛。每天的生活缺乏高低起伏，一點趣味都沒有。

相較起來，妳的生活是多麼豐富多彩！母親有一種被排除在外的感覺，好像只有自己被孤零零地拋棄。

「妳應該很難了解我的心情吧！」媽媽說。

接下來就是主戰場了。

妳要像吸傷口膿血一樣地吸出媽媽的牢騷與心聲，並慎重其事地傾聽。

「都沒有人試著了解我的心情。」媽媽說。

妳溫柔地說：

「媽，妳一定覺得很累吧？」

「當然累啊！妳爸喜歡獨來獨往，三個小孩又都只管自己、不喜歡回家……」媽媽說。

不用深究媽媽講話的內容，只要一句一句仔細地聆聽。

她其實是希望妳能傾聽她的辛勞。

那些讓妳怒火中燒的話，其實都沒有惡意。之所以撒上酸溜溜的調味料，說出「妳真好命」這種刺耳的話，只是她明知不可為而為的自我主張。

妳得把自己變成氣度恢弘的大人物，以成熟、周到的態度來與媽媽應對。

「媽，下次要不要一起出國旅行？就我們兩個人。我會調查好資料，當妳的最佳私人嚮導。妳有沒有什麼想去的地方？」妳提議。

「傻瓜，怎麼忽然提這個？」媽媽說。

但是她內心一定是很高興的。妳帶來了一股希望之風，吹進媽媽閉鎖的心靈。

憑藉著頂嘴的藝術，就能打開媽媽心內的門窗！

You'll get...

女兒試著了解母親心情的反哺力！

6 一提反對意見，就惱羞成怒：「幹嘛這麼生氣？」

秋陽灑落窗邊。

妳正在將玫瑰一根一根倒置，製成手工乾燥花。

發色很鮮豔，相當成功。妳想將乾燥花插進大玻璃瓶裡，環顧四周卻找不到適合的容器。

「對了……」妳想起留在娘家的那些瓶子。

婚前，妳很喜歡收集葡萄酒或是白蘭地的漂亮空瓶，朋友對於妳的蒐藏也貢獻良多。

妳趕緊拿起電話撥回娘家。

「啊，媽媽，我跟妳說，樓梯間不是放了很多空瓶嗎？我想回去拿，什麼時候方便？」

妳說。

「妳說什麼東西？喔，那些空瓶啊！因為很佔位置，我已經丟掉了。」母親說。

「咦？妳說什麼？那些是我的東西耶！」妳提出抗議。

「妳又沒講，我還以為妳不要了，就拿去回收了啊！」母親說。

不爽！

「為什麼？為什麼不問我一聲再丟呢？好討厭，有些瓶子是很稀有的耶！太過分了！問一下主人再丟不是一種禮貌嗎？妳什麼時候丟掉的？」妳大發雷霆。

「丟好久了。妳呀，如果是還要的東西，不講一聲別人怎麼會知道？東西老是隨便亂放，誰知道哪些是垃圾哪些是寶貝啊！」母親說。

「所以我才說應該要先問過啊！」妳說。

「幹嘛這樣發火？妳老是在生氣，反正我就是壞人啦！全都是我不對啦！」母親說。

本來就在生氣的妳，怒氣更被火上加油。

妳提出的重點「為什麼丟掉之前不先問一聲」，母親完全沒有回答，反而轉向批評妳的態度，兩個人的討論主軸根本不在同一條線上。

在妳的記憶當中，這樣的情節絕對不是第一次，甚至是經常發生的場景。

在對話中突然變得激動，開始推卸責任、自憐自艾……母親這種說話的方式，總是讓妳束手無策。

離開原生家庭之後，再回想母親的講話方式，總覺得很像小孩子，而跟她吵成一團的自己，彷彿也很幼稚。

事實上，母親自己也有察覺到。妳的憤怒像是對她當頭一棒，她發現自己確實做錯了。但是，她又說不出「不好意思，是我錯了」，她不擅長率直地表達情感。

因此她錯過了道歉的時機，之後就更說不出「對不起」。

接下來，她完全不知道該如何是好，腦袋一片混亂，只能用自我防衛的話來保護自己。

正如妳所感到的傻眼對話，媽媽就是這麼幼稚。

但是，她會這樣是有原因的。

在母親那個年代，「言語」只是用來傳達事情的道具。

她完全沒想過，要用言語來表現內心的感情。相反地，會用言語來隱藏感情。

妳的世代跟母親大不相同，一方面為了向外傳達心情需要仰賴言語，另一方面也需要透過言語來接收對方的心意。兩邊觀念上的差異，造成了妳們的代溝。

想藉著對話彌補這條鴻溝，就要靠妳主動改變了。

跟語言不通的外國人對話的時候，妳會如何傳達想法呢？當我們預先設想好一些可能遇到的障礙，溝通時的語氣自然就會變得謙遜而體貼。

不管是多麼親密的兩個人，都不可能百分之百地理解對方。擁有一顆嘗試了解對方的心，這種積極的態度才能產生出頂嘴的藝術！

You'll get...

不讓半生不熟的壞心情持續燜燒的重置力！

7 總是用「妳就是有這種想法才會離婚」來堵我

妳跟大學時代的同學結婚，兩年後離婚。目前過著獨居的單身生活。

妳懷抱著兩袖清風的心情，專心投入工作。

周末回娘家玩，跟母親共進下午茶。

「我真慶幸跟那個傢伙分手了。學生時代那時我還以為他這個人有點意思呢！沒想到他既懦弱又好面子。算了，也要怪我沒有看男人的眼光啦！」妳說。

「不過，他人還挺和氣的。」母親說。

「剛開始當然會假裝和氣啊！女人也一樣，剛認識的時候總是會裝一下。」妳說。

「不過，社會上對離婚的觀感又如何？不會有負面印象嗎？常常聽到人家說什麼『扣分』的。」母親說。

「媽，妳真的不懂耶！什麼『扣分』，應該是『加分』才對！又增加了人生經驗，有什麼不好？」妳說。

妳的口氣要認真、開朗、沒有一絲勉強或刻意。
父親聽了之後，應該就不會再翻舊帳了。
「爸爸應該可以了解才對。」妳說。
「最近，我覺得工作起來很有幹勁。」妳說。
「妳該不會又是三分鐘熱度吧？」父親說。
但是他是笑咪咪地講，跟三十分鐘前判若兩人。
妳可以藉由斬釘截鐵地訴說自己的心境來說服父親。
頂嘴的藝術就是如此神奇，甚至能夠輕易發揮改變對方想法的魔法！

You'll get...

讓父親安心的自我表現力！

第四章

跟鄰居相處如臨大敵

「不要管他們就好了嘛！」妳對自己這麼說。

從此之後，妳走妳的陽關道，他們過他們的獨木橋。

社會上有多少人，就有多少種處世態度。

每個人的生存法門都不相同。

只不過，如果要向沉默不語的對象頂嘴，妳就必須在妳的心口開一個洞，向裡面窺視：妳的不舒服是從哪裡來的呢？

應該是因為對方的反應不如預期，讓妳受到了傷害。

住在妳內心深處的那個「彬彬有禮的好人」，讓對方產生了抗拒反應。

但是妳心中的「好人」拒絕接受這樣的反應，因此心情鬱悶。

妳應該做的，是坦然接受對方的抗拒反應。

擺脫充滿「好人感」的打招呼方式，學會偶爾用微笑或點頭表達問候的技巧。

如果不小心又說出「早安」，就帶點自嘲意味地笑一笑，享受這種尷尬吧！

打亂當「好人」的習慣，獲得看見各種不同人生觀的視野，會是妳的驚喜收穫。

被拒絕也不要氣餒、退縮，妳就是妳。妳的目標要從「好人」變成「可愛的人」。
打招呼是人際溝通的原點。
沒有錯誤的嘗試，就不會有進步。

You'll get...

從「真沒禮貌！」的感想衍伸出的視野力！

2 鄰居的雜音、噪音非常擾人

跟動物一起生活，能讓家庭氣氛更明朗。妳也很喜歡動物。

但是，鄰居A先生家裡的狗實在太會叫了。

聽說A先生好像是愛犬協會的前會長，在家裡養了十隻以上的狗，一點都沒想過會不會打擾社區的安寧。

妳住的地方是住宅區，每戶人家都深受狗吠聲的困擾，卻都選擇隱忍。

A先生仗著庭院夠大，養狗的數量每年都在增加。

在這種情形下，A一家人不但沒有向鄰居道歉說：「不好意思吵到大家了。」反而擺出「是我們先住進社區」的蠻橫態度。

去年曾發生過小朋友被狗咬傷的事件，但是最後不了了之，小朋友和家長只能含淚吞下。

妳是個正義感很強的人，總是在想該如何治治這個惡鄰。

妳很想直接上門去抱怨：「府上狗狗的聲音，吵得我們都睡不著覺！」

妳把這句話背得滾瓜爛熟，卻始終無法付諸行動。

但是懷抱著這種忿忿不平是很痛苦的，對健康也沒有好處。

A夫妻倆的態度還是沒有改變。妳很希望改變現狀，但是並不認為妳的言行能夠影響對方。

不爽！

這種時候，就要借助公家機關的力量了。

妳可以查查看有哪些組織或單位可讓民眾諮詢相關事宜。

就算沒有立即得到正面答覆，也不要輕易放棄。一個一個去問，直到達到目的。

在這樣的過程中獲得的知識，將來也一定能夠運用在別的方面。

關於鄰居的雜音或噪音，除了狗吠聲之外還有各式各樣的，如：樂器聲、嬰兒哭聲、機車引擎聲……等，在工廠林立的地區，也有人會受不了持續運作的機器聲。

除了聲音之外，臭味也是一個很大的困擾。位於住宅區的餐廳排風口傳出油煙味、大蒜味、香菸味……等；或是空地雜草叢生，造成大量蚊蟲影響附近住戶……等。就是因為有這麼多不知道該向誰頂嘴的狀況，才需要有專門的單位管理，也才會有公家機關的申訴窗口。

不要怕麻煩，跟著好奇心行動。觀察自己的小行為會帶來什麼大影響，其實是相當興奮又刺激的。

對於自己生活的環境，妳可以勇敢地提出意見。這是屬於居民的義務。

連署運動或抗爭運動，都是頂嘴藝術的一環。請大張旗鼓地培養頂嘴的藝術，創造更美好的社會吧！

You'll get...

追求舒適居住環境的行動力！

好煩！

3

老是聽到過剩的讚美

在妳常去的超市裡，人潮開始聚集的傍晚，有兩個人站著說話。正講得口沫橫飛的人，是社區裡的意見領袖。

「我真是拿我媳婦沒辦法，她什麼事情都不做！所以都是我一個人在緊張。還好，還是給他考上了，那孩子運氣真好呢～」她正在談考上知名私立小學的孫子。

「府上的孩子們頭腦都好好啊！您的兒子們也都那麼優秀。」聽她說話的人不時應和著，講幾句客套話。

妳心想被她們發現就不妙了，神不知鬼不覺地從旁溜走，朝收銀檯走去。

第二天，妳正要去搭公車，走著走著後面傳來聲音：

「妳的穿著打扮，總是挺有品味的嘛！」正是那個意見領袖。

「沒有啦，這些衣服都是家姊不要給我的，不是什麼了不起的東西啦！」妳說。

「是嗎？我上次看到妳老公，一表人才，挺帥的喲！」她說。

「您過獎了。」妳說。

「看他那樣子，應該很有異性緣吧？」她說。

「哪有，沒有的事。」妳說。

「小朋友也都好可愛喔！又有教養，在現在這個時代很難得了。」她說。

妳絞盡腦汁想著要怎麼回話。對於過度讚美的她，妳總是只能鞠躬哈腰。

「我家的孫子都只聽我媳婦的話，我只能在旁邊瞎操心，都不知道該怎麼辦才好！」她說。話題轉到孫子了，是不是想說考上私小的事呢？當心、當心，要假裝不知道。

對於這種對象來說，聊天就是你稱讚我、我稱讚你的無限迴圈。

她現在非常想炫耀孫子考上私小的事，蠢蠢欲動著。她應該正在等待妳的讚美吧！

既然如此，妳就更不能問出讓她開心、讓她志得意滿的問題。不要去迎合她的期待。

「請別開玩笑，我會當真的。」妳準備腳底抹油。

如果對方回說：「哎呀，我才不是開玩笑呢！」妳也千萬不要屈服。
「其實我對海鮮類和客套話過敏喔！」妳表示強烈的拒絕。
「拒絕接受」客套話會讓意見領袖臉上掛不住，這就是妳的目的。
儘管她可能為了報復而在妳背後放冷箭，妳還是不能妥協。
客套話是一種討好對方的招呼用語，是一種籠絡人心的技巧，也是偽善的開端。
不講真心話、只做表面功夫，然後吹捧對方、製造虛假的好感，這豈不是犯罪嗎？
妳不能成為這種行為的共犯。
就堂堂正正地表示妳對客套話過敏吧！如此一來，清新的頂嘴藝術也會開始啟動！

You'll get...

對客套話過敏、抵制的拒絕力！

4 是個好人，但老愛站著聊天聊到天荒地老

電梯門正要關上，又再次打開了。

「謝謝！」妳邊道謝邊衝進電梯，感謝鄰居C有注意到自己。

到了公寓四樓。兩個人一起走出電梯。

C太太向妳攀談：

「最近食品安全的事搞得人心惶惶，做菜都好傷腦筋啊！」

「就是說啊！」妳附和。

妳知道C太太很愛聊天，所以想長話短說之後速速閃人，但是很難成功。

C太太間不容髮地丟出一個又一個的話題，就像給妳上了緊縛咒。

好煩！

「我家陽台種的香草植物都有烏鴉來啄，府上不要緊嗎？」C太太說。

「啊，原來之前那是烏鴉弄的啊。我家的盆栽忽然翻倒……」妳說。

「說到香草植物，我有迷迭香的苗，不嫌棄的話可以分給妳喲！」C太太說。

如果接受她的好意而到她家打擾，事情就一發不可收拾了。又是茶又是餅乾的，不知道什麼時候才回得了家。上一次當之後妳學乖了。

妳認為C太太是個好人，只是有太愛講話這個小缺點。但是會這麼想的妳，也實在是個「濫好人」。

妳飛奔進電梯省下的時間，早就花在感謝幫妳按開門鍵的C太太身上，半點不剩。

若是不提升頂嘴的藝術，妳會始終在人際關係中被牽著鼻子走，過著身不由己的煩悶生活。

「聽說明天會下雨耶，不曉得氣象報告準不準？」C太太說。

換作從前的妳，會一一回應C太太的話：「希望是準確的囉」、「那就不能洗衣服了」。這次妳卻只是笑笑說：「明天就知道了吧！」給她一顆軟釘子，直接斬斷話題。

C太太一瞬間張目結舌，製造出一個空檔。妳趕緊抓住機會閃人：「不好意思，我有點急事，就先告辭了。」

假設C太太跟妳說：「聽說烏鴉的記性很好呢！」妳不需要同意，也不需要質疑，改變論點就好了。

「搞不好未來烏鴉會佔領地球呢！」妳說。

C太太呆住了。

但是，經常使出這招或許會讓C太太產生慣性。她也許會忽視妳無厘頭的話，繼續說她想說的話。妳可以看看手錶、翻找皮包裡的手機。

「糟糕！超過我跟人家約定的時間了！很抱歉要失陪了。」妳連忙將鑰匙插進家門鎖孔。

為了不讓C太太掠奪妳的時間，說謊也是一種知性的戰術。傷害她並不是妳的目的，自導自演有時也是保護自己的方式。

一旦妳被「好人」的形象束縛住，就無法掌握頂嘴的要訣。

妳不需要當別人眼中的好人。
就算因此而在別人心目中的好感度降低也無所謂，只要妳對自己的好感度以結果來說是提升的，那就值得開心期待。
妳應該更關心自己對自己的評價。比起考量這個、顧忌那個，總是努力忍耐的妳應該更努力去表現自我。經驗愈多，妳的底力就會愈強大。

You'll get...

視他人評價為無物的愛自己力！

5 過度的親切與善意造成困擾

妳因為參加反對興建摩天大廈的連署活動，認識了D小姐。

她積極參與社會問題的態度，給了妳良性的刺激。

聽說她除了投身各種集會之外，也經常聽演唱會，更時常出外旅行。

盡情享受單身獨居生活的D小姐，讓被小孩綁住的妳羨慕不已。

「我拿到了遊樂園的門票，不嫌棄的話就送妳吧！浪費掉也不好。」D小姐對妳說。

「不好意思，但真是太感謝了！謝謝妳，那我就收下囉！」妳說。

妳送了巧克力做為回禮。

接著，她又送了妳旅行中買的土產。

又分給妳果汁和水果，說是認識的人送的。

狀況慢慢變得像是送禮大戰，妳覺得有點困惑，不知道該如何是好。

「我一個人住實在吃不完，請幫幫我吧！希望妳和家人會喜歡。」再加上這樣的字條，讓妳不收也不是。

「千萬別費心了。老是收妳的東西，我會良心不安。」妳傳了簡訊給她。

「別客氣，我才應該謝你呢。」D小姐這樣回覆妳。

不僅如此，她後來又傳了一封簡訊：「很高興交到妳這樣的朋友。」

對妳來說，妳覺得跟她認識的時間還不長，也不是很了解她的為人，所以並沒有把她當成朋友。對於她的過度熱情，妳感到害怕，更覺得有必要跟她劃清界線。

所以妳對她說：

「我不習慣拿別人的東西。妳每次送我東西，要準備回禮都讓我傷透腦筋啊！」

「不需要啦！我又不是圖妳的回禮。」D小姐說。

「送禮這種事，生日、中秋節、新年這樣也就夠了，送多了會顯得沒那麼貴重呀！」妳說。

「我們是朋友嘛～不需要計較這些小事。」D小姐說。

不爽！

雖然妳會覺得不爽，但是千萬別說出「我們還不是朋友」這種話來。對於很想跟妳做朋友的人來說，這句話無疑是萬箭穿心般地傷人。

妳目前要對付的主題是「送禮大戰」。只要解決了這件事，是不是朋友的問題也會煙消雲散。

如果用講的無法說服對方，就進行下一個階段——

絕對不回禮。

抱持距離，也不要聯絡。

妳要明知故犯，做一些失禮的事，目的就是要D小姐覺得：「這人真沒禮貌！」

妳一直以來都不希望被當作沒禮貌的人，所以配合D小姐作戲，但是現在妳已經忍無可忍了。

如果她還是送東西過來的話，就拒收吧！

用言語和態度溫和地表達「不」，堅定而明確地回嘴，藉此喚起D小姐身為成人的基本常識。

她一定會了解的。

You'll get...

拒收、不回禮、已讀不回。讓對方知難而退的失禮力！

6 老是邀我參加沒興趣的事情

自從跟幾個小學同學一起參加「香港四天三夜超值團」之後，妳跟住在附近的E小姐就經常碰面。

「妳有沒有在做健康管理？」E小姐問妳。

「沒有耶。大概就是各類食物都均衡攝取吧？那太難了。」妳說。

「有沒有吃什麼營養補充品？」E小姐說。

「沒有，也沒有研究過。」妳說。

「那我介紹妳一些好東西。我最近加入了健康之會，妳要不要也入會？」E小姐說。

「那是什麼啊？」妳說。

她立刻就送了簡介手冊過來。

有點可疑。那是一個下線向上線繳交會費和收益的販賣組織。

「怎樣？想不想加入？」E小姐問。

「對不起，我沒興趣耶！」妳說。

「是嗎？真可惜。」Ｅ小姐說。

過了一陣子，你們在公車上巧遇。

「哎喲，妳好像沒什麼精神耶！」Ｅ小姐說。

「妳說我？」妳說。

「臉色好像不太好。」Ｅ小姐說。

「真的嗎？有那種感覺？」妳說。

「對啊，剛開始我還沒認出是妳呢！」Ｅ小姐說。

妳的心跳漏了一拍。真的嗎？怎麼可能！妳食慾沒變，最近也沒變瘦，晚上也睡得很甜……到底哪裡有問題？

「如果哪裡出狀況，就寫信給我吧！或許我能幫得上忙。」Ｅ小姐拍了拍妳的肩膀就下車了。

妳回家告訴老公這件事。「應該是想要妳加入那個什麼會吧？妳就是太好騙了。」老公幸災樂禍地說。

妳回溯了一下記憶。「嗯！原來如此，我很容易上當啊！以後要當心一點。」

在麵包店裡，妳又跟E小姐不期而遇。

「跟妳說，我開始當兼職的壽險業務員了。妳如果有興趣的話……」E小姐又開始對妳展開攻勢。

不爽！

「我們家都是拜託我老公認識的人，所以不需要了。」妳說。

妳之前總是回答得模稜兩可，但是那樣已經堵不住她的洶湧攻勢了。如果不明確拒絕的話，她還會一再挑戰妳的極限。

頂嘴是不允許曖昧不清的。

如果妳的反應可以從不同角度來解讀，那就是可以趁虛而入的機會。也就是妳的破綻。

對E小姐來說，妳或許正是隻肥羊。是一個容易利用的「好人」。

如果妳不斷受到各種煩人的邀請，就準備好一套超強力的反擊台詞，讓E小姐從此閉嘴吧！

「我今天有件事想麻煩妳，想請妳當我的保人，妳願意考慮看看嗎？」妳可以這麼說。

E小姐是見過世面的人，一聽到「保人」兩個字，應該就會瞬間彈開了。

頂嘴的藝術也是一種讓對方產生畏懼的力量。

You'll get...

「我也有事拜託」就是讓對方恐懼的力量！

第五章

小孩學校也來亂

1 硬被選做家長會委員

有些人非常喜歡當尾牙、同學會的主辦委員，或是活動的主持人。

「這件事只有你辦得到！拜託你接下來吧！」聽到這種請託，嘴上雖然說不要，其實內心都會暗自竊喜。

妳就正好相反。

妳不喜歡站在人前，成為眾人矚目的焦點。妳覺得待在幕後比較輕鬆，也比較適合內向的自己。

上個星期開家長會，妳因為家庭因素而缺席。

到了第二天，家長會委員傳了訊息給妳。

裡面說妳被選為下一屆的委員，今後請多多指教。

妳立刻連絡上對方，表示婉拒：「我真的辦不到，只會給大家添麻煩而已，拜託請找其他人吧！」

「不行、不行，這是全體投票決定的。」對方一點都不接受協商。

不爽！

「可是我口才又不好……又沒有經驗。請找其他更適合的人來擔任吧！」妳說。

但是對方的口吻嚴厲，一副「那是妳的事，我管不著」的態度，只負責把事情交代完：「交接的資料我會寄給妳，接下來就交給妳了。」

被這樣公事公辦地告知，妳身為家長實在無法不負責任地說「不」，只好回應一句「我知道了」。

不過，為什麼是我？妳心中仍然難以釋懷。妳因為沒有自信所以拒絕，可是又因為沒有自信而無法徹底拒絕。妳重新體認到缺乏自信真是一件傷腦筋的事，暗自苦惱。

妳也跟丈夫和孩子商量，全部人都表示鼓勵：「妳就試試看嘛！」

難道妳真的只能硬著頭皮上陣嗎？

沒錯，只能做了。

妳可以藉由擔任家長會的委員獲得自信，學會頂嘴的力量。

妳一直排斥幕前而選擇退居幕後，全都是妳覺得自己個性內向的心態在作祟。

然而，待在幕後可以不必公開陳述自己的意見，可以躲在別人的背後，迴避直接說出「ＹＥＳ」和「ＮＯ」的情境，是否才是妳喜歡待在後方的原因呢？

一旦當上了家長會委員，事情就沒那麼簡單了。

在會議場合，妳必須經常面對「ＹＥＳ」或「ＮＯ」的抉擇。大家也會詢問妳關於議題的意見。

妳必須身處各式各樣的狀況，與各式各樣的人碰面，妳的內心也會產生各種嶄新的情感。妳或許會被這樣的自己嚇到，然後想盡辦法壓抑。

這裡就是重點。壓抑情感是不對的。

即便妳會因為無法講出有條理的發言而難為情，也不要一瞬間把這種回憶全部忘光，要盡情去體驗這種害羞和緊張。

妳向來對自己缺乏信心，並不是因為妳能力不足，而是經驗不足，如此而已。

妳太少丟臉的經驗，太少面對自己的弱點和缺點的經驗，太少接受失敗的經驗。

妳希望過著沒有變化的安穩日子，希望過著缺乏特色但也不會遭人非議的生活方式，妳一向都秉持著「多一事不如少一事」的人生觀。

被迫當上家長會委員，對妳來說是一個非常棒的機會。去體驗丟臉的感覺吧！去體會自己的脆弱吧！嚐過痛苦和無力的情感等各種經驗，都會成為妳的心靈食糧。

只有自己能帶給自己信心。當妳承認自己的弱點，就能抓住自信的一小塊拼圖。從現在起，認真收集這些小碎片吧！

當委員的任期終了，妳一定已經具備卓越的頂嘴藝術。這種力量就像平底鍋一樣無所不能，妳一定會為它深深著迷的。

You'll get...

透過自己的弱點和缺點得到的丟臉力！

2 導師直接對我說：「妳家的小孩填這所學校有困難。」

家長面談當天。

「哦！原來如此，我明白了，可是呢……」

孩子的級任導師沉吟著。妳默默地等待他繼續說下去。

「申請這所學校啊，好像對他有點勉強呢！」老師說。

「請問，是競爭很激烈嗎？」妳說。

「對呀，以您家小孩的實力，很難保證一定申請得上啊！」老師說。

換句話說，就是他成績不夠好、無法申請第一志願。妳雖然聽懂了老師的言外之意，卻無法就此死心。

跟家人討論過後。丈夫覺得念哪一所高中並不是那麼重要，但是孩子自己卻無論如何都想試試這所學校，非常堅持。

於是，妳又跟老師見面懇談。

「他說無論如何都想申請第一志願，請老師多多幫忙。」妳說。

「這種心情我能了解，但是特地去申請不可能上的學校，又有什麼意義呢？」老師說。

以老師的立場來說，學生通過申請入學就是為自己加分，反之則是扣分。

怒火熊熊！

「所以說，要麻煩老師多多敦促他，希望可以申請上第一志願。」妳說。

「我們校方當然是以成功為目標，所以不鼓勵學生申請明知道會落榜的學校。」老師說。

「況且，學生落榜的話也會很難過的。」老師又補充了一句。

妳當然也會擔心孩子受挫。

既然如此，就跟他本人解釋清楚狀況，詢問他的決心有多強烈吧！

「你這麼想念那間高中？」妳問孩子。

「當然囉，如果能上的話。」兒子回答。

「但是，老師說機會很渺茫。」妳說。

「嗯，或許吧，但是我還是想試試看。」兒子說。

「如果落榜的話，你不是會很難過？」妳說。

「但是，去考了沒考上，跟根本沒去考是不一樣的啊！如果沒考上，就是自己的實力不夠……」他說。

「沒考上的話，你就會放棄嗎？」妳說。

「不是放棄，是可以接受吧！」他說。

兒子的話讓妳深受感動，妳決定就這樣原原本本地告訴老師。

考試是一種測量傾向和能力的方式。題目有可能正好是應考者拿手的，也有可能正好是不擅長的。及不及格有時是靠運氣。

妳就鼓起勇氣，跟老師據理力爭吧！

頂嘴不一定是為了改變對方「ＹＥＳ」或「ＮＯ」的答案，而是讓對方撇向一邊的臉，逐漸轉向妳這邊。

假設老師真的堅持己見、不為所動，妳可以問他：如果孩子的成績進步了，老師是否可以點頭答應，讓他去申請呢？

如果實力不足，加強實力就好了。妳可以告訴兒子這個條件，鼓勵他奮發向上。到了最後，考試還是屬於應考者自己的事。

在本人能夠接受之前，我們必須傾聽他的意見。

即便妳沒有辦法說服老師，妳也透過意見衝突而確實實踐了頂嘴的藝術。

勝負並不是重點。頂嘴的終極目標是「認同」。妳就以「取得認同」為目標而努力吧！

You'll get...

以認同為目標，不畏懼衝撞的前進力！

3 家長會老是變成時下新聞的討論會，焦點模糊

今天是家長會開會的日子。這次的主題是「文化節」。日期、會場、參加者、入場者、來賓人數都需要確認。文宣的印刷費用計算、邀請贊助和協助廠商、自行車停車場、攤位……要決定的事情堆積如山。

大家的意見都缺乏建設性，開會的氣氛不怎麼熱絡。但是一討論到攤位菜單的議題，大家的表情都亮了起來。

身為委員的妳報告去年的狀況：

「菜單有台式炒麵和豬肉味噌湯，非常受歡迎，不斷接到來賓抱怨想吃卻吃不到。所以我建議今年將攤位增加到三倍，供應的量也大幅增加，不知道大家覺得如何？」

所有人都表示贊成。

「聽說台式炒麵在紐約的某個活動上也大獲好評喔！我們應該大展身手，讓台式炒麵成為我們學校的特色！」某個人主張。

「沒錯、沒錯，最近亞洲風在國外很受歡迎呢！」有人附和。

「不丹不曉得有沒有炒麵？」

「說到這個，不丹的國王和王妃好有魅力哦！」

「哇賽，太厲害了，妳居然知道他們？」

「當然囉，因為男帥女美嘛！我都忍不住想當他們的粉絲呢！」

「妳有沒有聽說，國王在受災地的小學說『要養頭自己的龍』的事？長得又帥、頭腦又好、又溫柔，簡直是完美！」

「好想去不丹喔！」

「我也是！」、「我也是！」、「我也是！」

家長會變成了不丹討論會，文化節的事完全被拋到九霄雲外。

怒火中燒！

「各位，可以回到主題上面嗎？」

妳靜靜地、帶著微笑地發難。

就算家長會的話題已經嚴重脫軌，妳也不要慌張。

「請等一下！不要岔題，讓我們討論正題吧！」千萬不可以這麼說。

那些在家長會上總是當悶聲葫蘆的人，一提到八卦雜誌或電視的話題，就會變得口若懸河。妳應該一邊聆聽這些閒聊，一邊迅速地為當天的議案做總結。

「我覺得好像在參加不丹的家長會哦！」妳說。

妳這句話應該會引起哄堂大笑。

家長會跟公司的會議不同，要從一群不習慣透過會議決定事項的媽媽們口中引導出意見，就必須讓氣氛變得像閒聊一樣輕鬆。

維持放鬆、友善的氣氛，才更有可能引發出無限創意。

「不丹風味的辣味炒麵如何？」

「不錯耶！那材料可以麻煩E太太準備嗎？」

「那我來負責製作海報。呀～不丹的國旗長怎樣呢……」

妳一邊注意時間，一邊傾聽大家討論的聲音是否熱烈，閒聊是否已經畫上句點，然後適時地抓住時機切入總結。

不能太晚回家的媽媽們會很有效率地進行表決，會議也能在一片祥和之中步向尾聲。

單打獨鬥的妳要對抗複數的對象，切記絕對不能與他們為敵，訣竅是要——和他們站在同一陣線。

You'll get...

乘著閒聊的浪潮，將會議導回主流的掌舵能力！

4 小孩似乎遭受霸凌，很想查出真相

孩子放學回家，連句「我回來了」的招呼都不打就躲進房間。連晚餐都不肯出來吃。

「怎麼啦？怎麼這麼沒精神？」妳問孩子。

「沒怎樣啊……」孩子回答。

最近你們母子間的對話總是這樣。

孩子不談學校也不談社團的事，也猜不透他心裡到底在想什麼，妳只能自己窮操心。

萬一他在學校遭到霸凌？妳愈想愈火大！

「跟學校同學相處得還好嗎？」妳問。

「嗯……」他回答。

「△△同學上次不是來過我們家玩嗎？」妳問。

「嗯……」他回答。

每次在晚飯的餐桌上提起這個話題，老公就變得異常小心翼翼。

「別講這個了啦！來，快吃吧～快吃吧！」

孩子沉默地點點頭。

看到丈夫對妳使眼色，妳只能暫且打住。

到了家長會開會的日子，霸凌問題每次都會被提出來討論。

然而，總是討論不出一個頭緒。每個家長提供的情報都大同小異，無法掌握校園真實的情況。

某天，孩子回家時臉上帶著類似被毆打的傷痕。

「你怎麼了？」妳問。

「沒什麼……」他回答。

「是誰打你？」妳追問。

「很囉唆耶！」

「說實話！是不是學校有人欺負你？不要騙媽媽！」妳說。

孩子不回答。

忍無可忍！

對於他無言的抵抗，儘管妳歇斯底里地逼問，孩子還是三緘其口。孩子對於自尊心的捍衛，可是超乎大人的想像的。

若在學校遭到霸凌，他會認為坦白承認就代表自己是個失敗者，所以選擇默默忍受。另一方面也是不希望讓媽媽擔心，所以築起一座沉默的碉堡，藏身其中。

妳焦急地想問出真相。

「對方是誰」、「什麼時候的事」、「在哪裡發生的」、「原因是什麼」妳展開了一連串問題攻勢。

妳想跟學校老師談談。但是暫時應該只能得到「我們沒有發現這樣的事實」的答案。

妳身為一個母親，一心一意想保護孩子。但是這種時候用「問案」的方式處理，反而會把孩子逼進死胡同。

在這種狀況下無須發揮語言的藝術，比起聲音和文字，更重要的是雙眼的力道。妳必須仔細觀察孩子的表情、語氣、成績、人際關係等細節。

也就是說，妳不能漏掉孩子釋出的任何小訊息。孩子感受到來自母親雙眼的溫暖力量，就會感到安心、感到被激勵。

十幾歲的孩子雖然還是孩子，卻已不是小孩；雖然還不是大人，卻已有大人的一面。是成長期中感情最為複雜的一段時光。

請尊重孩子的自尊心，將他當成獨立的大人來看待，給予尊重。

要讓孩子知道，母親對他來說不是一種權威，而是比任何人都尊重他的存在。這才是真正的頂嘴藝術。

You'll get...

從容守護孩子的眼神力。

5 跟導師合不來

孩子放學回來說：

「媽媽，新老師要我們寫『我的修理工廠』。」

「那是什麼啊？」妳問。

「就是請同學寫下自己的優缺點，說可以幫助我們改善缺點。」孩子回答。

「是要大家都變成沒有缺點的好孩子的意思？」妳說。

「好像是。」孩子回答。

家長面談日那天，妳立刻就向新任導師詢問這件事。

「知道自己的缺點能夠使孩子成長，我不認為這種方式是錯的。」老師回答。

「但是，對孩子用『修理』這種字眼不會有點不尊重嗎？」妳說。

老師沒有回答，只是露出不以為然的表情。

妳覺得胸中竄起一把火。

「老師，您是覺得應該矯正孩子的個性嗎？」妳說。

「這位家長，我們這裡是學校，就是要將孩子教育成各方面發展平衡、對社會無害的人。」老師說。

妳連老師的眼影顏色都開始看不順眼，藍色未免也化太艷了吧！

「老師，但是教育又不是在矯正牙齒。把孩子的個性硬塞進固定的模型裡，我不認為這叫做教育。」妳提出反駁。

「我知道各位媽媽都很疼愛自己的孩子，但是您並不了解孩子真正的個性是怎樣。」老師說。

「不，我很了解。」妳說。

「那只是您的錯覺。袒護自己的孩子是難免的。」老師說。

「我並沒有袒護，請您不要自說自話地誤解。」妳說。

「總之，我會貫徹我的教學理念。」老師說。

這位老師關於孩子、教育、成長、學校等各種看法，都跟妳背道而馳。

不管花多少時間溝通，兩人依然無法有交集。面談的氣氛愈來愈沉重，往後的關係一定會落入無法收拾的局面。

怒火中燒！

這種時候，妳必須借重旁人的力量。

一對一的狀況或許永遠是平行線，但是透過第三者的介入，就會產生意想不到的影響。

妳決定在家長會會議上，提出對於「我的修理工廠」的討論議題。

「請問各位，知道『我的修理工廠』這個課程內容嗎？」妳必須聽取其他孩子的意見，傾聽家長們的想法，慎重地在公開場合提出討論。

「讓每個孩子發揮出自己的特質，不就是教育的宗旨嗎？如果老師的目標是創造齊頭式的平等，將來孩子會變成什麼樣子，身為家長的我非常憂心。老師說這是一種實驗。但是，孩子應該被當成實驗品嗎？」妳說。

當眾人紛紛表達意見，這時妳應該正義凜然地發言，引起其他家長的共鳴。整合眾人的意見之後，妳就可以做好頂嘴的準備。

老師的想法並不是不可動搖的。

感性豐富、具有無限可能性的孩子們，應該在更開闊、明朗的環境中成長，而在教育現場，家長更是不容缺席的存在。

家長的聲音不該被忽視，一人份的頂嘴力度或許微不足道，但是集結起來就會變成行動，足以改變現狀。

You'll get...

一滴憤怒足以匯聚成江海，發揮妳的改革力！

第六章

媽媽朋友不識相

1 永遠都在抱怨，講個沒完沒了

F太太擁有如女明星或模特兒般出色的外貌。

但是只要一開口，話題永遠都繞著抱怨打轉。

「真羨慕妳們家耶！沒有老人家要照顧對不對？我們家可慘了，老公的爸媽都住在一起。去醫院看醫生都要我接送，搞得我好像他們的專屬司機一樣。」F太太說。

「可是，有人幫妳照顧女兒不是嗎？很讓人羨慕呢！」妳說。

「唉，我公公婆婆都很自私。要去看表演還是展覽之類的就元氣百倍，一請他們幫忙顧孫，毛病就一堆！」F太太說。

「不過，家裡熱熱鬧鬧的也不錯嘛！」妳說。

「哪有，吵得要命咧！」F太太說。

儘管妳多次試圖用「不過」把話題帶開，她還是堅持抱怨路線。

她似乎想藉由陳述這些不滿博取妳的同情。

有點自以為是悲劇女主角的意味。

做為發揮頂嘴藝術之前的熱身運動，妳首先該做的就是喚起她心中的主角意識。

「像妳這樣漂亮、感覺應該幸福過日子的人，怎麼會遇到這麼多不開心的事呢？」妳認真發問。

「我已經很努力在學作菜了，老公和婆婆還是挑三揀四！每天被這樣批評，誰都會覺得很沮喪吧？」F太太說。

「每天都被唸嗎？」妳問。

「沒錯，幾乎是每天。」F太太說。

「妳有想過去上烹飪教室嗎？練好廚藝，讓他們刮目相看？」妳提議。

「我有上過啊！但是沒什麼效果，唉！我老公和婆婆的味覺跟一般人不一樣啦！」F太太說。

一直聽這些沒有改善空間的抱怨讓妳疲憊萬分，而且也很浪費時間。

忍無可忍！

上吧，頂嘴的時刻來臨了。

「妳就好像灰姑娘一樣，太漂亮、太善良了，所以才會這麼敏感。不過，灰姑娘不是勇於挑戰自己的命運嗎？就算別人怎樣貶低她，她也不會一直抱怨，而是尋求自我表現和自我價值，最後踏上了實現夢想的旅程，不是嗎？妳也不應該沉浸在不幸裡面啊！」妳說。

「討厭，我也沒有不幸啦！」Ｆ太太說。

「是嗎？那就好。我的朋友裡面，那些成天到晚都在抱怨的人，通常都過得很不幸福呢！」妳說。

「我哪有成天到晚都在抱怨！」Ｆ太太說。

「不好意思，是我太武斷了。我還以為妳是在抱怨呢！我這個人就是耳朵不好，別生氣，抱歉、抱歉！」妳說。

記住，妳從頭到尾的語氣都要和緩、溫柔。被妳這樣一道歉，她也只能閉嘴了。

或許她只是想跟妳撒撒嬌，但是現在已經發現找錯對象了。妳引用灰姑娘作為譬喻雖然有點無厘頭，但這樣恰恰好，她聽到灰姑娘時確實小小嚇到，卻也讓她感受到浪漫的童話氣氛。

藉由充滿驚喜的一句話，就能產生出不留疙瘩的頂嘴藝術。

You'll get...

打斷對方又不造成不愉快的驚喜力！

2 總在炫耀自己的家人，無聊到爆炸

在小孩唸的幼稚園中，妳認識了同校的家長G太太。

在接送小朋友的娃娃車候車處，妳和G太太一起等小朋友放學。

G太太向妳攀談。

「其實，我在搬來之前是住在陽明山的。」

「哇，好厲害，那裡是高級住宅區吧？」妳說。

「還好啦。我表親在那邊有塊很大的土地。」G太太說。

妳有點想問「那為什麼要搬來這裡」，但是不方便打探別人隱私，只好忍住。

「我哥哥在夏威夷買了一艘遊艇，所以我們想在暑假時租下一棟別墅，全家去度假……」G太太說。

忽然丟出這種富豪世家的話題，妳有點傻眼。

「好厲害哦！哇，跟我的生活完全不同層級耶！好難想像，太豪華了。」妳說。

娃娃車來了。跟G太太的對話也就此打住。

之後，幼稚園召集家長開會。講完注意事項和報告之後的休息時間，G太太一發現妳就朝妳靠近。

「剛剛那個跟我們說明的老師，是哪所學校畢業的啊？」G太太問。

「不曉得耶！我沒聽說過。」妳回答。

「不同學校出來的老師，教學的方式也會不一樣呢！像我家的親戚，幾乎都是一流大學畢業的。」G太太說。

妳不太了解G太太想要表達的重點。

「我爺爺規定我們只能唸國立的學校，非常嚴格，我們念書的時候好辛苦啊！」G太太說。

妳完全不了解哪裡辛苦。但是妳終於發現一件事，那就是G太太只是想炫耀她華麗的家世背景。

負責聆聽的妳一邊說著「咦？好厲害！哇！」，內心其實無聊得要命。

怒火燜燒！

差不多抵達想嗆聲的臨界點了。

G太太像是在做自我介紹一般，不厭其煩、鉅細靡遺地介紹自己的家境和家族。她對自己充滿優越感。

但是覺得自己比別人優秀的快感，只是一種表面的歡愉。用這種絲毫不隱藏優越感的說話方法，正是她感到自卑的證據。優越感和自卑感可以說是一體兩面的東西。

為了不被周圍的人瞧不起，於是炫耀家族光鮮亮麗的一面，卻不知道這種炫耀反而成為被瞧不起的原因。

G太太過於在意別人的眼光，所以表現得自得意滿、不可一世。

妳可以對她說：

「在我們這一帶，大家不太喜歡這種天龍國的話題呢！妳家的小孩搞不好會因為這樣被排擠，還是不要太炫富比較好喔！」

「我沒有想要炫耀的意思啊～」G太太說。

「是啊，我想也是。但是人總是會嫉妒的嘛～像妳家境這麼好的人總是不多。那些家庭有困難或是生活不順遂的人，聽了會覺得不舒服的。」

妳的語氣不能帶有責備，而是友善、溫柔的叮嚀。

溫柔是頂嘴的核心。

妳對於她的虛榮心和自卑感的忽略，就是一種溫柔。

或許，她正渴望著這樣的溫柔也說不定。

You'll get...

察覺傲嬌真相的情感洞察力。

3 借了書或DVD從來都不還

廚藝頗佳的妳，邀請兩位媽媽朋友來家裡用午餐。

陽光普照的餐桌上擺著義大利麵和沙拉，聊天氣氛熱絡。

妳家的書架上放滿了各種書籍，ＤＶＤ和ＣＤ更是收藏豐富。媽媽朋友們完全被書房吸引住了。

「好多書哦！這些書妳全部都看過？」Ｈ太太問。

「因為我是獨生女，書本就是我的朋友啊！」妳說。

「哇～現在很少有這麼愛看書的人耶！啊，有《羅馬假期》的ＤＶＤ！」Ｉ太太說。

「我是奧黛莉赫本的影迷，我覺得這部是永恆的經典。」妳說。

「是喔！那可以借我看嗎？不用很久，我很快就會還妳的。」Ｉ太太說。

「儘管借去看，沒關係的。」妳說。

「真的嗎？謝謝！哇，這本食譜也好漂亮。可以借我影印嗎？」Ｉ太太又說。

結果，I太太總共借了兩片DVD和三本書，歡天喜地地回家了。

過了兩個星期。

「那片DVD，可以再跟妳借久一點嗎？」I太太傳簡訊來要求延期，然後又過了兩個星期。

妳委婉地催促說：「因為後面還有人等著要借，麻煩妳了。」

但是I太太始終沒還。

因為已經傳過簡訊了，所以小學活動碰面時妳就什麼也沒說。I太太大概是覺得還有商量的餘地，所以傳來好幾次簡訊說「近期內會去拜訪」，卻一直沒有付諸行動。

妳終於決定和她面對面，要求馬上奉還。

怒火中燒！

明明妳是把東西借出去的人，為什麼必須這麼緊張、這麼難開口呢？妳對於I太太和自己都感到憤怒。

「那個，之前借給妳的ＤＶＤ和書，已經不能再等囉！我沒想到妳會借這麼久，很傷腦筋耶！」妳開門見山地說。

這種時候，絕對不能再用「妳打算什麼時候還」、「大概還要幾天」這種讓對方掌握主導權的說話方式。

用詞要客氣，口氣要堅定，讓對方自覺到責無旁貸、非回答不可。

「如果是在美國的話，就算是這種日常芝麻綠豆的小事，也有可能會鬧上法院呢。」妳來個臨門一腳。

Ｉ太太是在依賴妳的親切。

她的個性就是把什麼事都想得很簡單，所以妳的認真和嚴厲一定會把她嚇一大跳。

為了借書和ＤＶＤ給Ｉ太太，卻讓自己承受莫大的壓力，實在一點都划不來。但是既然都借出去了，只能盡妳最大的努力發揮「頂嘴的藝術」，討回書本和ＤＶＤ。

如果因為這件事情讓妳和Ｉ太太之間產生齟齬，也頂多是失去一個媽媽朋友，沒什麼大不了的。Ｉ太太跟妳的價值觀原本就天差地遠。

從今之後，妳需要的是拒絕借出的「決斷力」。

禮服、首飾、行李箱、高爾夫道具、車子……借出這些物品經常會發生糾紛。

不希望被別人覺得小氣而打腫臉充胖子，沒有比這更傻的行為了。

「我這個人很膽小，又老愛往壞處想，一想到這些ＤＶＤ或書本萬一回不來的話，不知該如何是好呢……總是還沒借出去就在擔心了，不是因為不相信妳，只是世事難料，誰知道下一秒鐘會發生什麼事呢？」妳說。

對方的回話被妳吸收，一定只有點頭如搗蒜的份。

You'll get...

不打腫臉充胖子的正直力！

4 動不動就自卑地說：「因為我是鄉下人嘛～」

Ｊ太太總是謙虛又低調。

她總是隱藏在一群搶著出風頭的媽媽朋友背後，安安靜靜地露出穩重的笑容。

「Ｊ太太，妳換髮型了？」Ｋ太太問。

一群媽媽朋友在車站前的咖啡館喝飲料聊天。聽Ｋ太太這麼一問，Ｊ太太害羞地點點頭。

「很適合妳耶，看起來好年輕！」妳說。

「因為我是鄉下人嘛，不稍微打扮一下，看起來會太窮酸。」Ｊ太太小小聲地說。

「大家下次一起去宜蘭好不好？趁繡球花的花季去賞花？」Ｋ太太提議。

「好哇好哇！」妳說。

「好久沒去宜蘭了呢！」Ｋ太太說。

妳對著Ｊ太太說：

「宜蘭有山又有海，很不錯呢！」

J太太卻搖搖頭說：

「我是鄉下人，所以到現在都還沒去過宜蘭呢！」

妳很介意J太太動不動就搬出「我是鄉下人」這句話。

或許是因為知道的事情不多，所以用「鄉下人」這種說法來加以掩飾。也或許是在打預防針。

誰都有不知道的事情、沒去過的地方，跟是不是「鄉下人」其實沒什麼關係。這是妳的想法。

妳一邊珍惜地將這間咖啡館知名的起司蛋糕送進嘴裡，一邊說：「好想吃掉一整個蛋糕哦～」

「熱量很可怕喔！」K太太笑著說。

J太太幾乎不會說「好吃」、「難吃」、「喜歡」、「討厭」這些帶有個人情緒的字眼。

「J太太，妳不喜歡起司蛋糕嗎？」妳問。

「也沒有啦，只是我是個鄉下人，不知道該怎麼形容……」J太太回答。

火氣上升！

妳瘋狂地想舉起手說：「嗶嗶～可以不要再說那句話了嗎？」但是又害怕J太太的反應，只好默不作聲。

頂嘴並不是用來傷害對方的力量，而是讓對方發掘自我的力量。

用妳的一記言語勾拳，撼動對方的腦袋吧！

「妳老是說自己是鄉下人，但是我一離開大都市，還不也是鄉下人？哈！」

「妳看起來又不像鄉下人，這種口頭禪不適合妳啦！」

「不行不行，不要以為假裝鄉下人就可以逃過一劫，今天非要妳說說看不可！」

妳可以用這種幽默的語氣，將焦點放在「鄉下人」這個字眼上。

J太太稱呼自己是「鄉下人」背後的心理，或許綜合了卑屈的心情和服從、妥協的心態。也或許是一種做人應該深藏不露的觀念作祟。

Ｊ太太並不是沒有意見，只是缺乏把意見說出口的自信，於是選擇用謙虛的態度和卑微的語氣面對突發狀況。

一直這樣下去的話，不但Ｊ太太無法享受與媽媽朋友們的聚會，媽媽朋友們也不會樂於維繫這段友情。

「妳有什麼想法？」

「講講妳故鄉的事情嘛～新年料理當中，你們習慣吃什麼？哇，好想吃吃看哦！」

妳可以用這些話題誘導Ｊ太太敞開心房，慢慢打開她的話匣子。

頂嘴的藝術就像是雙脣的舞蹈。忘卻時間地盡情投入舞蹈，讓每一段友誼都充滿樂趣吧！

You'll get...

一步一步開啟緊閉心扉的公關力！

5 打破砂鍋問到底：「這是哪裡買的？多少錢？」

Ｌ太太的嗓門很大，總是笑得花枝亂顫。往好處想是沒有心機，另一方面則是少根筋。對於家裡有病患的談話對象，她可以毫不在意地說：「癌症檢查真的好麻煩，又要花大錢。況且，會得的人就是會得嘛！」當然，她完全知道對方家裡的狀況。

妳在郵局裡，等待輪到妳的號碼。

「哎呀，好久不見！」有人高聲對妳打招呼。正是Ｌ太太。

「接下來是三天連假，我趕快跑來辦事。」她邊說邊在妳旁邊坐下。

「妳的上衣好好看哦！哪裡買的？」Ｌ太太問道。忽然被這麼一問，妳一時呆住了。

「我是說妳身上穿的這件上衣呀！」Ｌ太太說。

「應該是百貨公司打折買的吧！」妳說。

「多少錢買的？應該很貴吧？」Ｌ太太說。

「這個嘛，因為買很久了……我也不記得了。」妳說。

「我問妳喔！三天連假的預算，你們家估多少啊？」L太太又問。

又是妳無法馬上回答的問題。

「預算？什麼意思？」妳說。

「你們家會出去玩吧？預估的費用範圍大概是？」L太太說。

妳從來沒有在這麼近的距離，而且又是一對一地跟L太太講過話，她卻丟出這麼單刀直入又現實的問題，妳頓時慌了。

「咦？這個我不清楚耶！我還沒想過費用的問題。」妳說。

「那就表示你們老神在在嘛～那妳有在投資股票或是基金之類的嗎？」L太太說。

妳聽到這裡已經完全嚇傻，講不出半句話。幸好這時正好叫到妳的號碼，妳立刻開溜。

過了一個星期。妳正在藥妝店購物，L太太又出現了。

「最近我們經常碰面呢！」L太太說。

「真的。」妳說。

「這裡賣的東西價差很大，妳要多跟其他家比較看看，要不然會吃虧的。」L太太說。

「真的嗎？謝謝妳告訴我。」妳說。

L太太最關心的就是「昂貴」和「便宜」這類的問題，妳已經深切地體會到了。

儘管理性可以了解，不代表感性也可以接受。

耐心快要燃燒殆盡了！

為了下一次的見面，妳必須做好心理準備。

接著，那個時刻來臨了。她的話題照常繞著金錢打轉。

「冒昧請教一下，妳是不是拜金主義者啊？」妳刻意端莊高雅地詢問。

「拜金主義？這話是什麼意思？」L太太有點變臉。

「就是那種崇拜金錢的思考方式啊！現代很多人都這樣，是很前衛的價值觀。」妳說。

L太太被「很多人」和「前衛」這兩句話釣到，率直地表達同意：「或許有那麼一點吧！」

「我這個人比較憨直，不會去想怎麼管錢，只想著開開心心過日子就好了。」妳說。

這次換成Ｌ太太無言以對了。

「聽起來，我跟妳的想法好像南轅北轍呢！妳一定覺得我這種人很傻氣吧？」妳說。

「怎麼會呢？我也沒有……」Ｌ太太結結巴巴地說。她一反常態地一句話也沒反駁，還表現得畏畏縮縮。

妳不需要跟任何人競爭，也不需要樹立假想敵，只要用自己的步調、走穩自己的路就行了。

這種貫徹人生觀的態度，一定能夠化成頂嘴的藝術，讓妳散發出不容反駁的氣場。

You'll get...

不被金錢操控的捍衛自我力！

6 對於職業婦女的身分引以為傲

M太太非常適合穿筆挺的套裝，加上她是職業婦女，總是給人既幹練又忙碌的印象。媽媽朋友們聚會的時候，大家討論著一起去美術館，但是M太太不參加。

「不好意思，那天公司有一個大型發表會，關係到我們公司的生死啊！」M太太說。

不知為何，其實說句「我不能參加」就可以解決，卻總愛搬出「那天我要開會」、「那天有員工旅遊」、「那天要跟老闆聚餐」這些煞有其事的理由。

每次M太太這麼說，其他人就會接著說：「同時兼顧家庭和工作，換做我就辦不到呢！」

就算難得在媽媽朋友的聚會中現身，對於大家天馬行空的閒談也總露出不屑的表情，不時吐槽說：「所以結論到底是什麼？」

「妳很忙吧？可是總是打扮得這麼漂亮又帥氣，好崇拜妳喔！」妳說。

「沒有啦，在公司這樣很正常啊！」

M太太雖然對妳的讚美頗為開心，但是言語之間還是透露出對家庭主婦的偏見。跟妳說話時的語氣，也有一種上對下的優越感。

「真好，妳們都不受時間限制。做家事就算做錯了，只要道歉不就好了？人際關係也比較單純，應該也沒什麼壓力吧！」M太太說。

「也是會有壓力的啊！人際關係也挺麻煩的。」妳說。

「不過，就不會遇到商場上那種爾虞我詐吧？啊，妳一直是家庭主婦？那大概不懂我在說什麼。」M太太說。

別瞧不起人！

一副好像只有自己知道社會的面貌，妳愈聽愈有火，對她傲慢的態度相當不滿。

「妳說的對，因為我只是家庭主婦，所以有很多事情都不明白，要請M太太多教教我社會上的事情呢！」妳說。

「說什麼教……我也不知道從何教起啦！」M太太說。

「身為必須教育孩子的母親，考慮到孩子的將來，什麼事情是最重要的呢？」妳問道。

「哎喲，妳這樣問範圍太大了啦！」M太太說。

「因為我是家庭主婦，眼光比較狹隘，處理當天的事就已經焦頭爛額了，我覺得這樣很危險，希望妳能告訴我家庭主婦有什麼需要加強的地方。」妳說。

「也是，現在還是男性當家的社會，說不定想扭轉未來就要看媽媽了。媽媽改變，社會也會跟著改變。」M太太說。

「咦？真的嗎？太棒了，這樣當媽媽真有成就感！那麼，媽媽們應該做什麼改變比較好呢？」妳說。

「我們也只能靠自己加油了，不是嗎？」M太太說。

原本油水分離、互不相融的妳和M太太，透過對話漸漸成為了法式沙拉醬。妳真摯的說話方式，瓦解了M太太的虛張聲勢。

任何一個媽媽朋友，都是在各自的生活、各自的境遇裡持續不斷地努力。

透過頂嘴的藝術，了解到彼此的心境和努力，接受彼此的差異，然後培養出一顆寬容的心，社會一定可以變得更加和諧。

You'll get...

接受不同的人生觀、享受彼此的差異的寬容力！

第七章

職場如戰場

1

被顧客投訴

妳有一份在超市打工的工作。

有時候顧收銀機，有時候在服務台負責廣播。

剛開始總是很緊張，完全顧不得抬頭看客人，只能埋頭工作。

慢慢適應之後，也漸漸可以元氣滿分地喊出「歡迎光臨」、「請再次惠顧」這些話，工作開始變得有趣。

最近處理客訴也變成妳的工作內容，今天也不例外。

「我剛剛買的一袋洋蔥裡面，有一顆是爛掉的！」客人說。

「非常抱歉，馬上換一顆新的給您。不好意思，請問有帶發票過來嗎？」妳說。

店長特別交代，就算是熟客也一定要核對發票。

另一個場景，又是同一個客人。

「我買錯三號和四號電池了，我想換貨。」客人說。

「請問您是什麼時候買的呢？」妳說。
「應該是上個禮拜吧！」客人說。
「不好意思，要麻煩您帶發票過來才能幫您換貨。」妳說。
「哎喲，服務怎麼這麼差？我等到要用才發現買錯了，所以才會拖到今天啊！」客人不悅地說。
「真的非常抱歉，敝店是這樣規定的。」妳說。
聽到「敝店」這種卑微的字眼，對方氣也消了一半，沒有再多說什麼。
又有某一天，客人將三根一包的紅蘿蔔忘在購物籃裡沒帶走。
第二天，忘了紅蘿蔔的客人現身了，又是那位常客。
「是的，我們的確有保留一包客人忘記的紅蘿蔔。請問有帶發票嗎？」妳說。
「連忘記東西也要出示發票？」客人說。
「是的，這是規定，下次麻煩您記得帶發票過來。」妳一邊提醒，一邊將紅蘿蔔交給客人。

「妳這句話的意思是說，我說謊想A走你們的紅蘿蔔嗎？」客人非常生氣。

「沒這回事，您別誤會，只是為了慎重起見。」妳說。

「慎重起見？這是什麼意思？叫你們店長出來！哪有人這樣講話的！」客人說。

莫名其妙！

最後是店長出來道歉，客人則帶著紅蘿蔔開開心心地回家了。

妳只是遵守店裡的規定，也不是不了解客人為什麼會不開心。如果自己是客人的話，應該也會生氣吧……但，又能怎樣呢？

過了一個禮拜，妳在店裡見到上次忘記紅蘿蔔的客人。妳輕輕地向她走近，道歉說：「前幾天真是失禮了。」

客人一瞬間露出不明就裡的狐疑表情，但是馬上就想起來，換上了笑臉。

「哎呀，謝謝妳還放在心上。沒關係啦！是我不應該忘記帶走的，以後我會當心的。」客人笑著說。

後來妳跟那位客人很快變得熟稔，算是不打不相識。

不管在什麼狀況下、什麼形式的相遇，都包含了無窮的可能性。

有陌生人向妳抱怨，或是滔滔不絕地與妳針鋒相對的場面，更需要細心地對應。

客訴一點也不可怕。

傾聽對方的主張和要求，想像對方的心情，找出彼此的妥協點。

沒有寫在公司十大守則裡、誰也不會告訴妳的事情當中，就隱藏著線索，那就是妳必須將自己的真心，用無比的耐心傳達給對方知道，這就是客服的原點。

You'll get...

潛藏著無限可能性的真心力！

2 被不合理要求出勤和加班

妳在百貨公司的食品賣場打工。

正是送禮的季節，不同店鋪間的競爭非常激烈。

妳一邊留意著下班時間，一邊手腳俐落地接待客人。

這時，賣場的主任忽然找妳去講話。

「M小姐突然感冒病倒了，不好意思，可不可以請妳多做四個小時？」主任說。

不爽！

妳之所以選擇兼職工作，就是因為時間的切割很明確。

在公司上班的時候，經常被不合理要求出勤或加班，妳總是無法拒絕，被叫到工作愈來愈多，甚至經常搞壞身體。

「主任，我已經排好別的事情了。」妳說。

「我知道，我想也是，但是真的拜託了！請妳幫幫忙嘛～十萬火急啊！」主任雙手合十，低頭拜託妳。

看到他走投無路，妳也只能苦笑地點點頭了。

妳傍晚必須去幼稚園接小孩，老公又正好出差，妳只好打電話給住在附近的娘家媽媽求救。

「拜託，不好意思，麻煩媽了。」妳說。

過了一個禮拜，主任又把妳叫去。

「不好意思，週末可不可以麻煩妳排班？因為O小姐忽然辭職了。」主任說。

「但是我已經有事情了，沒辦法。」妳回答。

「我一定會補償妳的！這陣子欠了妳很多人情，真的不好意思，我會跟公司報告的。」主任哀求。

「可是……」妳說。

「謝謝！我只有妳可以拜託了。我欠妳這一次！其他人都吊兒啷噹的，妳就不一樣了，不愧是在貿易公司工作過。」主任說。

妳明知道主任是為了讓妳點頭同意才會這樣誇妳，但是好久沒被讚美，心裡還是飄飄然的。

但是，這已經是極限了。妳決定不要再給主任可乘之機，向自己發誓下次一定要嚴正拒絕他。

兩天後。

「啊，過來一下、過來一下。」主任對妳招手。來了！妳進入備戰狀態。

「我跟妳說，下個禮拜的補貨人手不足，妳可不可以加班幫忙？」主任說。

「這次沒辦法。」妳說。

「拜託妳幫幫忙嘛～」主任說。

「這不是幫不幫忙的問題。正職人員跟兼職人員的職務本來就不一樣啊！主任。兼職有兼職的特權，該上工的時候就工作，時間到了就下班。

與其一直拜託兼職人員，不考慮增加正職人員嗎？或是提高兼職的時薪。

老是做一些治標不治本的臨時處置，當心之後必須動大手術哦！」妳說。

主任啞口無言，不知道該怎麼回妳。

「現在的社會結構已經像是沒上油的機器，到處都發出咯吱咯吱的聲音。不做一些改變的話，父系社會遲早會瓦解的。」

妳應該義正嚴辭地對主任講清楚、說明白。兼職這種工作不應該被公司組織所左右，只要做完份內的事情就可以了。

妳必須善用兼職的特權，一抓到機會就教育主任。妳的發言漸漸產生影響力，終有一天會造福整個社會的。

You'll get...

不受組織擺布的出奇致勝力！

3 跟上司的工作觀不合

這是一間販賣洋裝、帽子、飾品的精品店。

店員只有妳一個人。

店長P小姐的售貨技巧實在神乎其技。

「哇，真是太適合您了！這件洋裝簡直就像為您量身定做的一樣！」P小姐這麼說。在妳眼中看來只會讓胖子看起來更胖的設計，卻能透過P小姐半假裝半真心的微笑及其三寸不爛之舌，讓客人開開心心地掏錢買回家。

P店長流暢的口才、氣質高雅的待客之道，一直是妳想學也學不來的。

「為什麼您有辦法說出那樣的話呢？」妳問。

「因為這是工作呀！工作是非常現實的，把商品賣出去就是唯一的目的，不是嗎？」P店長說。

「但是，您為了讓對方買單，說謊都不打草稿的耶！」妳說。

「這不算說謊，應該是配合對方的弱點。福態的人，就跟她說穿起來很瘦。相反地，對瘦的人，就說穿起來很有精神。就算實際上看起來並不是那樣也無所謂。」P店長說。

強詞奪理！

妳就是對這一點感到難以釋懷。

「我是刺激客人的女性本能，讓她們開心，難道這樣也有錯嗎？」P店長說。

妳完全無法招架她的職業意識和價值觀。

妳會到這家精品店工作的原因，是源自於喜歡漂亮的東西、喜歡時尚。

P店長非常強韌，隨便一點小事是無法打擊她的。

「妳的想法太天真了。妳應該面對社會的現實啊！我看妳是沒吃過苦，不像我這樣面臨過生死關頭，我說的對吧？」P店長說。

妳老實地點點頭。

「妳就把客人想成南瓜就好啦！不要只會對客人鞠躬哈腰，要積極出擊才行。對方感

5 客戶公司的課長問我：「聽說妳跟老公分居，是真的嗎？」

這位客戶是往來公司的課長，從第一次見面就對妳懷抱善意。

他當天就告訴妳手機號碼，說：「有緊急的事情或是需要幫忙的話，可以隨時跟我聯絡。」

在開會的時候，妳歪著頭露出不解的表情時，他也立刻遞上資料給妳參考。

他在部下當中也備受景仰，將來升職的呼聲很高。

妳認為他是工作上值得信賴的對象，除此之外沒有別的想法。

某天，這位課長問妳：

「那個，這樣問好像有點刺探隱私，但是我聽說妳跟老公分居中？」

「嗯？您為什麼要問這個？我的私事應該跟工作沒有關係吧？」妳說。

「不好意思、不好意思，因為我聽到一些傳聞，所以有點擔心。」他說。

「真是抱歉，關於私人生活是禁止進入的，也設有地雷哦！」妳說。

妳用幽默的口吻、帶著微笑這麼說。

課長點了點頭。

但是，問題在於你們的對話就此戛然而止。

如果是完全不在乎的對象還無所謂，但是工作上必須經常聯繫的話，就不得不維持融洽的氣氛了。話雖如此，也千萬不能介入彼此的私人領域。

真麻煩！

這個時候，就要轉換成完全不相關的話題。

「課長，你知道 Coco Chanel 嗎？」妳說。

「當然，她不是引爆二十世紀時尚革命的設計師嗎？」他說。

「沒錯，她講過很多耐人尋味的話。像是『我就算對上帝也從來沒說過實話』、『想要掩飾反而會更引人注目』這些。」妳說。

「哦～挺有趣的。她有出書嗎？」他問。

「有哇，出過好幾本呢。」妳說。

「告訴我書名吧，我也去找來看看。」他說。

「有《黑色，是我永恆的姿態》、《我沒時間討厭你：香奈兒的孤傲和顛世》，我把書名都背起來了。」妳說。

「滿厲害的嘛！香奈兒原來是頭腦這麼好的人。」他說。

「對吧？我也覺得。」妳說。

妳和他臭氣相投，對於香奈兒的話題聊得相當開心。

課長本來就對妳寄予關懷，提起八卦傳聞只是想跟你聊天的藉口。

但是大多數不擅長交談的男性，根本無法掌握親近和僭越的界線，很容易就踏進顧人怨的領域，犯下像課長一樣的錯誤。

當對話中斷，兩個人都尷尬膠著的時候，讓第三者登場就能讓對話再次升溫。

這次的第三者，就是舉世聞名的香奈兒。

課長可以毫無顧忌地發表意見，讓對話充滿樂趣。正因為對象是兩個人都認識、卻都沒有見過面的人物，最適合做為對話的引子了。

「香奈兒還說過這樣的話：『我很內向，內向的人最愛講話了，因為無法承受沉默。』」妳說。

「真是一針見血啊！妳也挺博學多聞的嘛～如果有什麼好電影或是表演，麻煩妳多多介紹給我囉！」他說。

如果在職場上結識良緣，請務必好好珍惜。只要環顧前後左右，妳會發現話題是無窮無盡的。

為了讓頂嘴更具魅力，不論是男是女，都應該多加琢磨對話的能力，才能成為更加閃亮耀眼、令人尊敬的社會人。

You'll get...

和異性愉悅交談的閃耀魅力！

6 同事找我討論私密的家庭糾紛

正是午餐時間，一個同事把妳叫住。

「十五分鐘就好了，可以陪我談談嗎？」R小姐說。

從她的表情，妳覺得沒有三十分鐘是談不完的，但是妳依然點頭說「好」。

你們來到公司附近的披薩店。

「其實，是關於我老公的媽媽。我們再過不久要送她進安養機構，我身為長男的媳婦，很擔心會不會受到親戚責備……妳覺得呢？」R小姐說。

「這個問題很難回答耶……不過，妳婆婆應該是生病了吧？」妳說。

「對呀，所以我們找了有完整醫療設備的安養院，排了好久的候補，總算有空位了。」R小姐說。

「妳那麼盡心盡力地照顧婆婆，有什麼好被責備的呢？」妳說。

「但是大家不是都會在背地裡說東說西的嗎？『明明有兒子，一定是媳婦不想顧』之類的。」R小姐說。

「如果有人嘴巴這麼賤，就隨他去講嘛～」妳說。

「才不要，我不喜歡被講閒話的感覺。我們都已經犧牲自己的生活，盡力在照顧婆婆了說……」R小姐說。

忍不住翻白眼！

「所以，那妳到底想怎麼做？」妳說。

R小姐低下頭去。

「不管妳再怎麼努力，會說妳壞話的人還是會說的。如果一直在意那些人，只會讓自己綁手綁腳啊！」妳說。

妳非常了解R小姐是個認真負責、貫徹始終的人，所以才這樣頂回去。

「妳是不是希望至今為止做過的努力都能得到世人認同？妳是不是覺得沒有得到正確的評價卻只被批評，好像吃了悶虧？」妳說。

「我老公弟弟的老婆什麼忙也沒幫，就只會出一張嘴，倒楣的永遠是我。」R小姐說。

「也沒什麼不好呀，就當是多一個經驗。妳就把它當作是邁向成人的一場魔鬼戰鬥營吧！」妳說。

妳向她提議：

「如果沒有人稱讚妳，妳可以對著鏡子說：『妳做得很好！太棒了！』這樣自己鼓勵自己呀！」妳說。

R小姐被妳這麼一說，露出恍然大悟的表情。

「原來如此，我是想被人稱讚、想獲得認同啊！我希望有人能了解我的煩惱和不安，老公從來都不肯聽我說話，所以才會這樣，沒錯！」R小姐說。

「家家都有本難唸的經，會發生糾紛應該是理所當然的吧？

我認為，每個人都擁有專屬於自己的一部戲。

每個人的一生都像是一齣戲。每一齣都是傑作。不管是妳的戲還是我的戲，都不是只有歡樂，而是高潮迭起的。妳婆婆的事情也是其中之一，妳就別想太多了！」妳說。

在活著的道路上，我們會遇到各式各樣的人，遇到五花八門的事。這些人與事，全都是只能用不可思議來形容的奇人妙事。

只要把這些相遇，全都想成是上天贈與的禮物就好了！

透過這些禮物，人才能夠成長。

每次回別人一句話，我們就前進了一步；被別人回一句話，我們也前進了一步。經歷這樣的過程，人與人的心靈相互循環，才讓我們成為令人喜愛的大人。

You'll get...

在人生道路上的相遇，全都是上天的禮物。有哭、有笑、有怒，然後釋然地微笑，這就是成熟力！

結語

十三歲那年，我看了《清秀佳人》，看完後感到非常地興奮。主角安妮的「頂嘴藝術」讓我佩服得五體投地。

原來如此，原來生氣並不是一件可恥的事啊！原來我可以堂堂正正地表達憤怒，我可以頂嘴，我其實應該要頂嘴的！

我感覺自己打開了一扇通往未知世界的大門。

「安妮」這個書中人物，只要感覺心裡「好痛」，就絕不會忍耐，絕不會選擇沉默。當同班的男生在教室裡取笑她的紅髮：「紅蘿蔔！紅蘿蔔！」她的憤怒就像火山一樣爆發了。

當鄰居的大人們口不擇言的時候，她當著本人的面反擊：「居然說我瘦巴巴的很難看，太過分了！」

她只要怒氣攻心，瞬間就會採取反擊。

不過，安妮可不是只會發脾氣而已。她會明白地指出自己覺得對方講的哪一句話沒禮貌。

安妮的執著會讓對方體悟到「原來如此，她說的沒錯」，進而發現自己的錯誤。更不可思議的是——這些人都會透過這樣的過程喜歡上安妮這個率真的少女。

我非常尊敬安妮。

同時，我也將「率真」這種特質視為人生美德。

我當時心想：我要像安妮一樣，保有率真的特質活下去。

但是成為大人、出了社會之後，卻處處充滿驚訝。

首先就是「率真」這種特質，是會被別人嗤之以鼻的，是會被當成幼稚的小孩的。

「你這樣會吃虧！」

「你要成熟一點才行！」

我不開心。但是我不像安妮那樣具有勇氣，反而一受到壓迫就說不出半句話，唯一的抵抗就是保持沉默。

於是，我又想起了《清秀佳人》。

安妮會感到憤怒的時刻，都是因為她的人格被踐踏，或是自尊心受到傷害的時候。

就算換成一般人，應該也會像安妮一樣感到憤怒才對。但是我們長大成人之後，卻會告訴自己「我已經不是小孩了」，於是壓抑怒氣、放棄辯駁，過著隱忍、妥協的生活。

討厭！這樣才不是大人！只是年紀增長的小孩罷了。

如果真的長大成人，自尊心也應該隨之增長，變成大人的尺寸才對。

當我們感覺到憤怒時，當下的反應就是我們個性的表徵，同時也是我們心靈成熟的指數，如果草率看待這些感覺，未免也太對不起自己了！

自尊心這種貴重品，既不能轉交給別人保管，也無法交付給別人守護，是必須自己保管、自己負責的。

我成為大人的歲月已經有很長一段時間。

一路走來我發現到——人生其實就是一段磨練「頂嘴的藝術」的旅程。

為了改變社會，有時必須發起革命。不過，想改變將來的社會還不需要祭出革命，只要每個人都學會「頂嘴的藝術」，就足以扭轉乾坤了。

說不定，大家都在心中悄悄等待這一天的到來呢！

如此一來，男女之間都可以進行平等的對話，每個人都可以獲得巨幅的心智成長。

「頂嘴的藝術」不僅可以打破男人與女人之間的屏障，也可以提升人與人之間的溫度，是一種無與倫比的美好力量。

春天總會乘著北風而來！

八坂裕子

二〇一二年一月

頂嘴的藝術：不委屈、不失禮、不尷尬的頂尖回話術

作　者／八坂裕子
譯　者／林平惠
主　編／陳慶祐
責任編輯／林巧涵
執行企劃／汪婷婷
美術設計／倪龐德
董事長
總經理／趙政岷
總編輯／周湘琦
出版者／時報文化出版企業股份有限公司
10803台北市和平西路三段二四〇號七樓
發行專線／（〇二）二三〇六—六八四二
讀者服務專線／〇八〇〇—二三一—七〇五
（〇二）二三〇四—七一〇三
讀者服務傳真／（〇二）二三〇四—六八五八
郵撥／一九三四四七二四時報文化出版公司
信箱／台北郵政七九～九九信箱
時報悅讀網／www.readingtimes.com.tw
電子郵件信箱／books@readingtimes.com.tw
流行生活線臉書／https://www.facebook.com/ctgraphics
法律顧問／理律法律事務所　陳長文律師、李念祖律師
印　刷／勁達印刷有限公司
初版一刷／二〇一五年一月二十三日
定　價／新台幣二三〇元
行政院新聞局局版北市業字第八〇號

頂嘴的藝術：不委屈、不失禮、不尷尬的頂尖回話術
/ 八坂裕子著；林平惠譯 .
-- 初版 . -- 臺北市：時報文化 , 2015.01
ISBN 978-957-13-6161-1(平裝)
1. 說話藝術 2. 人際關係

192.32　　　　103025844

"IIKAESU CHIKARA" ~OTTO・SHUTOME・ANOHITO NI・
Copyright © 2012 by Yuko YASAKA
First published in Japan in 2012 by PHP Institute, Inc.
Traditional Chinese translation rights arranged with PHP Institute, Inc.
through Bardon-Chinese Media Agency